与圣贤有约丛书

与孟子有约

台湾师范大学国文系教授 朱荣智 著

走近圣贤
聆听智慧
感悟『浩然之气』

山东城市出版传媒集团·济南出版社

图书在版编目(CIP)数据

与孟子有约/朱荣智著. —济南:济南出版社,
2015.8(2021.4重印)
(与圣贤有约丛书)
ISBN 978 - 7 - 5488 - 1734 - 5

Ⅰ.①与… Ⅱ.①朱… Ⅲ.①孟轲(前390~前305)
—哲学思想—通俗读物 Ⅳ.①B222.5 - 49

中国版本图书馆 CIP 数据核字(2015)第 197127 号

出 版 人	崔 刚
责任编辑	冀瑞雪
	冯文龙
装帧设计	张 倩

出版发行	济南出版社(250002)
地 址	济南市二环南路1号
编辑热线	0531 - 86131747(编辑室)
发行热线	82709072 86131747 86131729 86131728(发行部)
印 刷	山东新华印刷厂潍坊厂
版 次	2016年1月第1版
印 次	2021年4月第4次印刷
开 本	150 mm×230 mm 16 开
印 张	9.75
字 数	150 千
定 价	28.00 元

(济南版图书,如有印装错误,请与出版社联系调换。联系电话:0531 - 86131736)

自　序

　　孟子是继孔子之后最伟大的儒家学者，读《孟子》一书，无不被孟子的浩然之气感动。孟子的文章，气势雄沛，浩瀚奔放，除了因为孟子的学养丰富，善养浩然之气之外，与孟子"亦欲正人心，息邪说，距诐行，放淫辞，以承三圣者"的志气有关。孟子处在战国纷乱之世，"世衰道微，邪说暴行有作，臣弑其君者有之，子弑其父者有之""圣王不作，诸侯放恣，处士横议，杨朱、墨翟之言盈天下"。孟子与孔子一样，都是抱持救世之志，希望致君尧舜。他苦口婆心，劝谏国君推行仁政，造福人民，可惜当时诸侯各国追求富国强兵之道，"当是之时，秦用商君，富国强兵。楚、魏用吴起，战胜弱敌。齐威王、宣王用孙子、田忌之徒，而诸侯东面朝齐"。当时的天下，都在讲求合纵、连横之术，而孟子却祖述尧、舜，宪章文、武，因此他的政治抱负未能受到诸侯各国的青睐。孟子去见梁惠王，梁惠王就说："叟，不远千里而来，亦将有以利吾国乎？"

孟子的伟大，可以从很多方面论述，孟子对中华文化的贡献，也是历久而弥新。笔者认为孟子最了不起的地方，是他那"舍我其谁""千万人吾往矣"的精神。孔子主张的仁，要我们有爱心，要能够推己及人，与别人维持友好、良善的关系；孟子主张的义，则是强调大是大非的判断，追求一个人立身处世的行为标准。"义无反顾""当仁不让"，彰显了一个人的道德尊严与人生价值。

孟子曰："学问之道无他，求其放心而已。"孟子所谓的学问，不只是知识的学问，也包括生命的学问。举世滔滔，价值多元，尤其是科技的发展，带动社会经济的繁荣与进步，大楼越盖越高，人心越来越窄；生活越来越富裕，人性却越来越偏枯。追求幸福与快乐的生活，是自古至今所有人的共同愿望，可是处在今天五光十色的缤纷世界，很多人越来越迷茫、越困惑。那么，要如何才能自救、自解呢？归根结底，就是要把放散的心找回来。

孟子是我非常推崇的伟大人物。他说："自反而不缩，虽褐宽博，吾不惴焉？自反而缩，虽千万人，吾往矣！"君子贵自省，自觉理亏，就算面对村野小民，也会担心畏怯；自觉理直，就算面对千万人，也要勇往直前。生而为人，常常要能自省，理字站不站得住脚？理字站得住脚，就能坦坦荡荡，俯仰无愧。"有理走遍天下，无理寸步难行。"当然，我们不能理直气盛，而要理直气婉。

我自1980年在台湾师范大学国文系担任教职，转眼之间已有30多年，经常承担"孟子"课程的教学工作，对孟子的为人处世、人格特质及其学养、政治教育思想、语言特色，用功甚勤，也有些心得。今人研究古籍，除了章句的文字训诂之外，如何赋古典以新义，结合现代人的生活环境与需要，把古人的智慧结晶，融入我们的日常生活之中，是非常重要的事。本书稿共有30篇文章，针对《孟子》一书的精义，有述有论，文字简明贴切，对年轻人生命的成长，当有启发的作用，可以学习孟子的有所为与有所不为，求得生命的大自得、大自在。

目 录

孟子的人生理想／1

《孟子》中的孔子／6

孟子的人格特质／11

孟子的学养／16

孟子的苦心／21

孟子的有为与不为／25

孟子的自得与自在／30

孟子的人性论／35

孟子的不动心／40

孟子的知言／45

孟子的养气／50

孟子的寓言／55

孟子论仁与义／61

孟子论孝道／66

孟子论交友／71

孟子论君子之德 / 76

孟子的人文思想 / 81

孟子的自然思想 / 86

孟子的仁政思想 / 91

孟子的民主思想 / 95

孟子论君臣 / 100

孟子论领导统御 / 105

孟子的教育理念 / 110

孟子论天命 / 115

孟子论尽心 / 120

孟子的忧患意识 / 125

孟子的辩才 / 130

孟子的幽默 / 135

孟子的沟通技巧 / 140

孟子的修辞技巧 / 144

孟子的人生理想

孟子的伟大，不仅因为他是一位大政治家、大教育家、大儒者，还是一位了不起的生命斗士，他的人格风范，在《孟子》一书中，我们可以略窥一二。

士尚志

孟子认为，一个读书人最重要的是要有志气。《孟子·尽心上》曰："王子垫问曰：'士何事？'孟子曰：'尚志。'曰：'何谓尚志？'曰：'仁义而已矣。杀一无罪，非仁也；非其有而取之，非义也。居恶在？仁是也；路恶在？义是也。居仁由义，大人之事备矣。'"孟子是继孔子之后最伟大的儒家学者。孔曰成仁，孟曰取义。仁义思想，是儒家的根本精神。孟子主张人性本善，所谓"恻隐之心，人皆有之；羞恶之心，人皆有之；恭敬之心，人皆有之；是非之心，人皆有之。恻隐之心，仁也；羞恶之心，义也；恭敬之心，礼也；是非之心，智也。仁义礼智，非由外铄我也,我固有之也,弗思耳矣"(《告子上》)。人之所以为不善,往往是受外在环境的影响,正如孟子所说:"牛山之木尝美矣,以其郊于大国也,斧斤伐之,可以为美乎?是其日夜之所息,雨露之所润,非无萌蘖之生焉,牛羊又从而牧之,是以若彼濯濯也。人见其濯濯也,以为未尝有材焉,此岂山之性也哉?"(《告子上》)

君子以仁存心

一个人的存心,也会影响一个人的行为。《孟子·离娄下》中孟子曰:"人之所以异于禽兽者几希,庶民去之,君子存之。"孟子又曰:"君子所以异于人者,以其存心也。君子以仁存心,以礼存心。仁者爱人,有礼者敬人。爱人者人恒爱之,敬人者人恒敬之。"一个人立身处世,最重要的是要对自己的行为负责,"西子蒙不洁,则人皆掩鼻而过之。虽有恶人,斋戒沐浴,则可以祀上帝"。(《离娄下》)西施虽是天下的美女,如果身上有恶臭污秽之物,别人也会掩鼻而过;相反,一个犯错的人,如果能改过自新,上天也会接纳。

《孟子·离娄下》中孟子曰:"君子深造之以道,欲其自得之也。自得之，则居之安；居之安，则资之深；资之深，则取之左右逢其原。"所谓自得，就是自求而得。"有孺子歌曰：沧浪之水清兮，可以濯我缨；沧浪之水浊兮，可以濯我足。孔子曰：小子听之，清斯濯缨，浊斯濯足。自取之也。"（《滕文公下》）一个人要成为圣贤，或是成为恶人，都是自己做决定的。所以，"公都子问曰：'钧是人也，或为大人，或为小人，何也？'孟子曰：'从其大体为大人，从其小体为小人'。"（《告子上》）孟子认为："人人有贵于己者，弗思耳！人之所贵者，非良贵也，赵孟之所贵，赵孟能贱之。"（《告子上》）一般人所看重的，是金钱、地位，而金钱与地位的获得，都是不确定的、不能持久的，唯有人人内心的仁义忠信，才是真正的尊贵。

仁者如射

《孟子·告子上》中孟子曰："今有无名之指，屈而不信，非疾痛害事也，如有能信之者，则不远秦楚之路，为指之不若人也。指不若人，则知恶之；心不若人，则不知恶。此之谓不知类也。"孟子又曰："拱把之桐梓，人苟欲生之，皆知所以养之者。至于身而不知所以养之者，岂爱身不若桐梓哉？弗思甚也！"孟子主张自省的功夫,"仁者如射,射者正己而后发,发而不中,不怨胜己者,反求诸己而已矣""行有不得者,皆反求诸己""君子必自反也"。这些都在强调自我反省的重要性。

大人者不失赤子之心

世事难料,"有不虞之誉,有求全之毁",所以一个人要"自求多福"。人品万端,每个人的性格、能力、德行、才华,本来就不一样,所谓"物之不齐,物之情也"。我们不能用同一种标准去要求所有的人,"有人于此,其待我以横逆,则君子必自反也:我必不仁也,必无礼也,此物奚宜至哉?其自反而仁矣,自反而有礼矣,其横逆由是也,君子必自反也,我必不忠。自反而忠矣,其横逆由是也,君子曰:'此亦妄人也已矣,如此,则与禽兽奚择哉?于禽兽又何难焉?'"所以,"反身而诚,乐莫大焉""大人者,不失赤子之心者也"。所谓"赤子之心",就是诚心。

读孟子的文章,常能给我们信心和力量。孟子曰:"人之有德慧术知者,恒存乎疢疾。独孤臣孽子,其操心也危,其虑患也深,故达。"又曰:"天将降大任于斯人也,必先苦其心志,劳其筋骨,饿其体肤,空乏其身,行拂乱其所为,所以动心忍性,曾

（与"增"同）益其所不能。""人恒过，然后能改；困于心，衡于虑，而后作；征于色，发于声，而后喻。入则无法家拂士，出则无敌国外患者，国恒亡。"我们对理想的追求，就要有孟子"舍我其谁"的精神，不怕苦，不怕难，勇往直前，终必有成。

阅读省思：

1. 你的人生理想是什么呢？
2. 面对人生的苦难，你能勇敢面对吗？

《孟子》中的孔子

孔子生于周灵王二十一年（公元前551年，孟子是继孔子之后，最伟大的儒家学者），卒于周敬王四十一年（公元前479年）。孟子生于周烈王四年（公元前372年），卒于周赧王二十六年（公元前289年）。孟子比孔子晚出生179年，因此他说："予未得为孔子之徒也，予私淑诸人也。"（《孟子·离娄下》）孟子虽然没有机会亲自受业于孔子之门，可是圣人之泽尚存，代有传人。孟子得闻孔子之道，对孔子万分推崇，并且承继其学，加以发扬光大，使儒家思想成为中华文化的主流。他对儒学的发展做出了非常大的贡献。

孟子对孔子十分崇拜

孟子十分推崇孔子。见于《孟子·公孙丑上》曰："非其君不事，非其民不使；治则进，乱则退，伯夷也。何事非君？何使非民？治亦进，乱亦进，伊尹也。可以仕则仕，可以止则止，可以久则久,可以速则速,孔子也。皆古圣人也,吾未能有行焉。乃所愿,则学孔子也。"又曰:"自有生民以来,未有孔子也。"公孙丑问孟子曰:"敢问夫子恶乎长?"孟子曰:"我知言,我善养吾浩然之气。"公孙丑曰:"宰我、子贡善为说辞,冉牛、闵子、颜渊善言德行,孔子兼之,曰:'我于辞命,则不能也。'然则夫子既圣矣乎?"公孙丑认为孔子自谓不擅长辞命,而孟子能知言、养气,以为孟子已达圣人境地。孟子曰:"恶!是何言也?昔者子贡问于孔子曰:'夫子圣矣乎?'孔子曰:'圣则吾不能,我学不厌而教不倦也。'子贡曰:'学不厌,智也;教不倦,仁也。仁且智,夫子既圣矣乎!'夫圣,孔子不居,是何言也!"(《孟子·公孙丑上》)孔子谦称不敢居为圣人,孟子更是不敢自比孔子。

对于孔子的伟大,孔子弟子宰我、子贡、有若皆有赞语。《孟子·公孙丑上》曰:"宰我、子贡、有若,智足以知圣人,污不至阿其所好。宰我曰:'以予观于夫子,贤于尧舜远矣!'子贡曰:'见其礼而知其政,闻其乐而知其德,由百世之后,等百世之王,莫之能违也。自生民以来,未有夫子也。'有若曰:'岂惟民哉?麒麟之于走兽,凤凰之于飞鸟,太山之于丘垤,河海之于行潦,类也。圣人之于民,亦类也。出于其类,拔乎其萃,自生民以来,未有盛于孔子也！'"由此可见，他们都非常尊崇孔子。

孟子处在战国时代，九流十家，风起云涌，可以说是天下滔滔，"世衰道微，邪说暴行有作""圣王不作，诸侯放恣，处士横议"。孟子一生的抱负，是要"正人心，息邪说，放淫辞，以承三圣者（指大禹、周公、孔子）"。孟子以承继孔子自居，"夫天，未欲平治天下也，如欲平治天下，当今之世，舍我其谁也"。

孔子尝为委吏

《孟子》一书中的孔子，有形容孔子德行的，也有记载孔子言行的。《孟子·万章下》中曰："孔子尝为委吏矣，曰：'会计当而已矣。'尝为乘田矣，曰：'牛羊茁壮长而已矣。'"委吏，是地方上主管会计的官。乘田，是地方上主管苑囿刍牧的官。孔子不管处在什么职场角色，都能恰如其分地做得很好。

孔子是个很通达的人，"孔子之仕于鲁也，鲁人猎较，孔子亦猎较"。鲁国人爱打猎竞技，孔子也会随俗打猎竞技。伯夷是"目不视恶色，耳不听恶声。非其君不事，非其民不使。治则进，乱则退"。伊尹是"何事非君？何使非民？治亦进，乱亦进"。柳下惠是"不羞污君，不辞小官。进不隐贤，必以其道。遗佚而不怨，厄穷而不悯。与乡人处，由由然不忍去也"。孔子则"去齐，接淅而行。去鲁，曰：'迟迟吾行也。'去父母国之道也。可以速而速，可以久而久，可以处而处，可以仕而仕"。无入而不自得，所以孟子说："伯夷，圣之清者也；伊尹，圣之任者也；柳下惠，圣之和者也；孔子，圣之时者也。"（《孟子·万章下》）孔子立身处世，谨守中道，孟子曰："仲尼不为已甚者。"孟子对孔子有真切的了解，所以能以是称之。

孟子书中多引孔子言论

《孟子》一书，颇多引述孔子的言论，有的见于《论语》，有的未见于《论语》，可见孟子学养深厚，对孔子思想精研甚深。《孟子·公孙丑上》中曰："诗云：'迨天之未阴雨，彻彼桑土，绸缪牖户。今此下民，或敢侮予。'孔子曰：'为此诗者，其知道乎！能治其国家，谁敢侮之？'"孟子引孔子读诗而赞之，认为此诗的作者明白"凡事豫则立"的道理，而且要自求多福，贵能自立自强。此段文字，未见于《论语》。

《孟子·公孙丑上》曰："孔子曰：'里仁为美。择不处仁，焉得智。'"此文见于《论语·里仁》。孟子引述孔子的话，强调

"矢人岂不仁于函人哉？矢人唯恐不伤人，函人唯恐伤人。巫匠亦然。故术不可不慎也"。恻隐之心，人皆有之，矢人之心，本非不如函人之心，选择工作行业不可不谨慎。

圣人人伦之至

其他如《孟子·滕文公上》曰："孔子曰：'大哉，尧之为君！惟天为大，惟尧则之，荡荡乎民无能名焉！君哉，舜也！巍巍乎有天下而不与焉！'"孟子也是言必称尧舜，"尧舜之治天下，岂无所用其心哉"。《孟子·离娄上》曰："孔子曰：'道二，仁与不仁而已矣。'"孟子引述孔子的话，强调"规矩，方员之至也；圣人，人伦之至也。欲为君，尽君道，欲为臣，尽臣道，二者皆法尧舜而已矣"。法尧舜则尽君臣之道而仁矣，不法尧舜则慢君贼民而不仁矣。

阅读省思：

1. 孟子是如何推崇孔子的？
2. 孟子对孔子思想的发扬有什么贡献？

孟子的人格特质

每一个伟人,都有他成功的人格特质。孟子与孔子并称"孔孟",他的言论思想,影响后代极为深远。儒家思想能成为中华文化的主流,孟子起着非常重要的作用。综合《孟子》一书,我们可以归纳出孟子的人格特质。

热情洋溢

孟子一生,像孔子一样,志在淑世。《史记·孟子荀卿列传》曰:"孟轲,邹人也。受业子思之门人。道既通,游事齐宣王,宣王不能用。适梁,梁惠王不果所言,则见以为迂远而阔于事情。当是之时,秦用商君,富国强兵;楚、魏用吴起,战胜弱敌;齐威王、宣王用孙子、田忌之徒,而诸侯东面朝齐。天下方务于合从连衡,以攻伐为贤,而孟轲乃述唐、虞、三代之德,是以所如者不合。退而与万章之徒序《诗》《书》,述仲尼之意,作《孟子》七篇。"孟子不管是游说诸侯,还是教育学生,都是热情洋溢，充满爱心，因为他承继孔子的仁爱思想，并加以发扬光大。

《孟子》七篇，开宗明义，《梁惠王上》第一章曰："孟子见梁惠王。王曰：'叟，不远千里而来，亦将有以利吾国乎？'孟子对曰：'王何必曰利？亦有仁义而已矣。'"孟子处在纷纷攘攘的战国时代，天下滔滔，世衰道微，臣弑其君者有之，子弑其父者有之，"争地以战，杀人盈野；争城以战，杀人盈城"（《孟子·离娄下》）。孟子一生的抱负，则是"正人心，息邪说，距诐行，放淫辞，以承三圣者"（《孟子·滕文公下》）。使诸侯国君不只恩及禽兽，而且功至于百姓，福泽加于民，因此苦口婆心，力劝诸侯国君推行仁政。《孟子·梁惠王上》曰："孟子见梁惠王。王立于沼上，顾鸿雁麋鹿，曰：'贤者亦乐此乎？'孟子对曰：'贤者而后乐此，不贤者虽有此，不乐也。'"《梁惠王下》记载齐宣王好乐、好园囿、好勇、好货、好色，孟子一一勉之以"乐民之乐者，民亦乐其乐""与民同之，于王何有"。循循善诱，语气诚恳，树立起君王推行仁政的信心。

幽默嘲讽

在人际沟通中,幽默是很重要的技巧,在充满机智的话语中,可以化解敌意、戒心,增进友善、欢喜,一个善于运用幽默的人,一定有乐观开朗的性格。政治、道德都是非常严肃的话题,孟子很能掌握说话的技巧,常常利用小故事、小譬喻,来阐释人生的大问题。如宋人揠苗助长、齐人一妻一妾,未必真有这样的宋人,或者齐人,在寓言之中,人物本来就可以虚构的,但是借由故事的嘲讽,千百年来,我们仍能深切感受,在揶揄的笑声里,孕育自省的沉思。

通达圆融

孟子是个很通达的人,他对天命的看法,是"莫非命也,顺受其正"(《孟子·尽心上》)、"天命靡常"(《离娄上》)、"有不虞之誉,有求全之毁"(《离娄上》)。虽然如此,人生最重要的,是要尽其在我。《孟子·尽心上》曰:"尽其心者,知其性也。知其性,则知天矣。存其心,养其性,所以事天也。殀寿不贰,修身以俟之,所以立命也。"又曰:"知命者,不立乎岩墙之下。"

孟子的通达,也可以从他对万物不齐一的观点看出来。《孟子·滕文公上》曰:"夫物之不齐,物之情也。或相倍蓰,或相什百,或相千万。"不是每个人都一样聪明、一样有钱、一样漂亮、一样健壮、一样有学问、一样好脾气。人品万般,面对不如我们聪明、有钱、漂亮、健壮、有学问、好脾气的人,我们能怎么样?只能包容、接纳、尊重、体恤而已,用一颗宽谅的心,理解人生的不圆满。

充满自信

孟子是个很有自信的人,他说自己"四十不动心""知言""善养浩然之气"。孟子见梁惠王,曰:"仁者无敌,王请勿疑。""滕文公为世子,将之楚,过宋而见孟子。孟子道性善,言必称尧舜。世子自楚反,复见孟子,孟子曰:'世子疑吾言乎?'"显示出对自己的主张充满信心,所以《公孙丑下》曰:"孟子曰:'五百年必有王者兴,其间必有名世者。由周而来,七百有余岁矣。以其数则过矣,以其时考之则可矣!夫天,未欲平治天下也,如欲平治天下,当今之世,舍我其谁也?'"只有有大志气的人,才能成就大事业。孟子的学说,虽然未能被当时的国君采用,但是两千多年来,却能成为中华文化的主流,影响世道人心非常深远。

阅读省思:

1. 你有孟子一样的热情吗?
2. 你是个个性通达的人吗?

孟子的学养

孟子的文章，气势浩瀚奔肆，这和他善养浩然之气有关，而更为重要的是他学养丰富。《史记·孟子荀卿列传》曰："孟轲，邹人也，受业子思之门人。"私淑于孔子（《孟子·离娄下》曰："予未得为孔子徒也，予私淑诸人也。"），通"五经"，尤长于《诗》《书》。宋程子曰："孟子曰：可以仕则仕，可以止则止，可以久则久，可以速则速。孔子圣之时者也。故知《易》者莫如孟子。"又曰："王者之迹熄而《诗》亡，《诗》亡然后《春秋》作。"又曰："《春秋》无义战。"又曰："《春秋》，天子之事。故知《春秋》者莫如孟子。"以此而言，孟子固不止长于《诗》《书》而已，而是精通"五经"。

孟子道性善，言必称尧舜

孟子道性善，言必称尧舜。孟子的一生，志于"闲先圣之道，距杨墨，放淫辞，邪说者不得作"。（《孟子·滕文公上》）因为有感于当时的社会环境与政治环境,"圣王不作,诸侯放恣,处士横议,杨朱、墨翟之言盈天下。""杨墨之道不息,孔子之道不著,是邪说诬民,充塞仁义也。"公都子曰:"外人皆称夫子好辩,敢问何也?"孟子曰:"予岂好辩哉?予不得已也。"又曰:"我亦欲正人心,息邪说,距诐行,放淫辞,以承三圣者。岂好辩哉?予不得已也。"孟子还有"夫天,未欲平治天下也,如欲平治天下,当今之世,舍我其谁也"的气概。

孟子博学多闻,吐辞谈论,经常引经据典,以之为论述的基础,增加令人信服的力量。孟子长于《诗》《书》,故《孟子》一书,引述《诗》《书》的文字最多,如《孟子·梁惠王上》曰:"孟子见梁惠王。王立于沼上,顾鸿雁麋鹿,曰:'贤者亦乐此乎?'孟子对曰:'贤者而后乐此,不贤者,虽有此不乐也。'"接着,引《诗经·大雅·灵台》曰:"经始灵台,经之营之,庶民攻之,不日成之。经始勿亟,庶民子来,王在灵囿,麀鹿攸伏,麀鹿濯濯,白鸟鹤鹤。王在灵沼,于牣鱼跃。"然后,孟子强调说:"文王以民力为台为沼,而民欢乐之,谓其台曰灵台,谓其沼曰灵沼,乐其有麋鹿鱼鳖。古之人与民偕乐,故能乐也。"可见,孟子鼓励梁惠王也要能与民同乐。孟子又引《尚书·汤誓》曰:"时日曷丧?予及汝皆亡。"他还强调说:"民欲与之偕亡,虽有台池鸟兽,岂能独乐哉?"

孟子引证取譬

《孟子·梁惠王下》曰:"齐宣王问曰:'文王之囿方七十里,有诸?'孟子对曰:'于传有之。'曰:'若是其大乎?'曰:'民犹以为小也。'曰:'寡人之囿方四十里,民犹以为大,何也?'曰:'文王之囿方七十里,刍荛者往焉,雉兔者往焉,与民同之。民以为小,不亦宜乎?臣始至于境,问国之大禁,然后敢入。臣闻郊关之内有囿方四十里,杀其麋鹿者,如杀人之罪。则是方四十里为阱于国中。民以为大,不亦宜乎?'"孟子引古书为证:文王之囿方七十里,而能与民同之,民以为小;齐宣王之囿方四十里,杀其麋鹿如杀人之罪,民以为大。孟子引证取譬,说明囿不在大小,而在能否与民同之,鼓励齐宣王能行王道,施仁政。

鼓励国君施行仁政

孟子游走于齐、梁之间,提倡仁义,鼓励施行王道,而国君托词好乐、好色、好货、好勇,如《孟子·梁惠王下》曰:"齐宣王问曰：'交邻国有道乎？'孟子对曰：'有。惟仁者为能以大事小，是故汤事葛、文王事昆夷。惟智者为能以小事大，故太王事獯鬻、勾践事吴。以大事小者，乐天者也；以小事大者，畏天者也。乐天者保天下，畏天者保其国。'王曰：'大哉言矣！寡人有疾，寡人好勇。'对曰：'王请无好小勇。夫抚剑疾视，曰："彼恶敢当我哉！"此匹夫之勇，敌一人者也。王请大之。''《诗》云："王赫斯怒，爰整其旅，以遏徂莒，以笃周祜，以对于天下。"此文王之勇也。文王一怒而安天下之民。''《书》曰："天降下民，作之君，作之师。惟曰其助上帝，宠之四方。有罪无罪，惟我在，天下曷敢有越厥志。"一人衡行于天下。武王耻之，此武王之勇也。而武王亦一怒而安天下之民。今王亦一怒而安天下之民，民惟恐王之不好勇也。"'孟子引《诗经·大雅·皇矣》《尚书·大誓》为证，勉励齐宣王要效法文王、武王的大勇，则能安天下之民。

齐宣王说："寡人有疾，寡人好货。"孟子对曰："昔者公刘好货。诗云：'乃积乃仓，乃裹糇粮，于橐于囊，思戢用光。弓矢斯张，干戈戚扬，爰方启行。'故居者有积仓，行者有裹囊也，然后可以爰方启行。王如好货，与百姓同之，于王何有？"王曰：

"寡人有疾,寡人好色。"对曰:"昔者太王好色,爱厥妃。诗云:'古公亶父,来朝走马,率西水浒,至于岐下,爰及姜女,聿来胥宇。'当是时也,内无怨女,外无旷夫。王如好色,与百姓同之,于王何有?"孟子苦口婆心,用心甚深,一再引《诗经·大雅·公刘》《诗经·大雅·绵》等篇,力劝齐宣王好货、好色不是缺点,贵在能与民同之,"乐民之乐者,民亦乐其乐"。

孟子祖述尧舜,宪章文武

孟子祖述尧舜,宪章文武,而以继承孔子思想为职志。当是之时,秦用商鞅,楚、魏用吴起,齐用孙子、田忌,天下方务于合纵连横。孟子因为所如者不合,退而与万章之徒序《诗》《书》,述仲尼之意,作《孟子》七篇。孟子的伟大,是能把孔子的思想发扬光大。孔子只说一个"仁"字,孟子则强化为"仁义"。另外,孟子的性善、养气之论,皆前圣所未发。

阅读省思:

1. 孟子的文章为什么气势浩瀚?
2. 你能像孟子一样好学吗?

孟子的苦心

后人尊称孔子为"至圣先师",而尊称孟子为"亚圣"。孔子是中国历史上最受崇敬的圣人、教育家。宋儒赞美孔子说:"天不生仲尼,万古如长夜。"孔子的学说,如日月经天,如江河行地,影响极为深远,不仅成为中华文化的主流,还影响了全人类。

孟子抱救世之志

孟子所处的时代,与孔子一样,都是变乱时代,一方面由于礼乐制度的崩溃,周朝的天下因诸侯的雄大放恣,强凌弱、众暴寡,分裂成所谓的春秋五霸与战国七雄;另一方面,社会组织与经济制度,更因政治的影响,产生很大的变动,世族衰替,而平民崛起。孔子生当春秋混乱之世,民教坠地,王纲废弛,诸侯争霸,是以抱救世之志,周游列国14年,却不为世用,而与弟子讲学于洙泗之滨。孟子之时,更是世衰道微,异端并起,杨朱、墨翟之言盈天下。孟子也是抱救世之志,游事梁惠王、齐宣王等，因所如不合，才退而与万章之徒著书立说。

孔子提出救世主张，是以伦理学说为基础，以仁为中心。孟子的政治思想，也是以伦理学说为基础，不过，他除了谈仁，还谈义。孟子所谓的仁，是指人的存心，而义是人生的正路。

孟子提倡仁义

孟子游说诸侯，提倡仁义之道，可惜不被诸侯各国重用。孟子很清楚当时的政治环境，他说："今之事君者，皆曰：'我能为君辟土地，充府库。'今之所谓良臣，古之所谓民贼也。君不乡道，不志于仁，而求富之，是富桀也。'我能为君约与国，战必克。'今之所谓良臣，古之所谓民贼也。君不乡道，不志于仁，而求为之强战，是辅桀也。由今之道，无变今之俗，虽与之天下，不能一朝居也。"（《告子下》）

孟子又说："争地以战，杀人盈野；争城以战，杀人盈城。此所谓率土地而食人肉，罪不容于死。故善战者服上刑，连诸侯者次之，辟草莱、任土地者次之。"（《离娄上》）大事功、扩土地、充府库、捐民命、伤民财，皆古圣贤所不取，而当时之大夫、诸侯皆乐为之。

孟子颇费苦心

孟子为了鼓吹国君施行仁政,可以说是颇费苦心。《孟子·梁惠王上》有几个例子,可见一斑。如:孟子见梁惠王,王立于沼上,顾鸿雁麋鹿,曰:"贤者亦乐此乎?"孟子对曰:"贤者而后乐此,不贤者虽有此不乐也。"梁惠王在自己私人的园囿里,欣赏着池边养的鸿雁麋鹿,自得其乐,孟子勉励他要与民同乐。

齐宣王喜欢世俗的音乐,孟子勉励他只要能与民同乐,齐国就可以平治了。"庄暴见孟子,曰:'暴见于王,王语暴以好乐,暴未有以对也。'曰:'好乐何如?'孟子曰:'王之好乐甚,则齐国其庶几乎!'他日,见于王,曰:'王尝与庄子以好乐,有诸?'王变乎色,曰:'寡人非能好先王之乐也,直好世俗之乐耳。'曰:'王之好乐甚,则齐庶几乎!今之乐犹古之乐也。'曰:'可得闻与?'曰:'独乐乐,与人乐乐,孰乐?'曰:'不若与人。'曰:'与少乐乐,与众乐乐,孰乐?'曰:'不若与众。'"《梁惠王下》齐宣王好勇,孟子勉励他不要只是匹夫之勇,而要能"一怒安天下之民"。

孟子鼓励与民同乐

《大学》曰:"民之所好好之,民之所恶恶之,此之谓民之父母。"一位好的政治领袖,要以民意为依归,与人民同好恶。孟子苦口婆心规劝梁惠王、齐宣王施行仁政,就是要与民同乐,与民共之。齐宣王一再说自己好乐、好勇、好货、好色,不管是不是为不能施行仁政而借故的托词,孟子总是循循善诱,力加规劝,鼓励引导。

任何人都会有些嗜好、兴趣,嗜好有正邪,兴趣有雅俗,我们应该培养良好的、正当的嗜好和兴趣。而作为一个政治人物、为人老师、为人父母者,更该有好的榜样。尤为重要者,诚如孟子所说:"独乐乐,不如与人乐乐""与少乐乐,不如与众乐乐"。能和别人分享的快乐,才是真正的快乐。

阅读省思:

1. 孟子如此苦心的目的是什么?
2. 你能体会孟子的苦心吗?

孟子的有为与不为

孟子积极进取

孟子是个积极进取的人。《孟子·滕文公下》曰:"尧舜既没,圣人之道衰,暴君代作。坏宫室以为污池,民无所安息;弃田以为园囿,使民不得衣食……圣王不作,诸侯放恣,处士横议,杨朱、墨翟之言盈天下,天下之言,不归杨则归墨……杨墨之道不息,孔子之道不著,是邪说诬民,充塞仁义也。仁义充塞,则率兽食人,人将相食。吾为此惧。"孟子一方面见到"暴君代作""诸侯放恣",生灵涂炭,民不聊生,希望拯救人民于水火之中;一方面见到"杨朱之言盈天下",是"邪说诬民,充塞仁义",希望"距杨墨,放淫辞,邪说者不得作","我欲正人心,息邪说,距诐行,放淫辞,以承三圣者"。所以,孟子不远千里而见梁惠王、梁襄王、齐宣王、邹穆公、滕文公等,而且苦口婆心,循循善诱,鼓励国君施行仁政,恩及百姓。

孟子希望致君尧舜

孟子的有为，是希望致君尧舜，施行仁政，让人民养生送死无憾。"五十者可以衣帛""七十者可以食肉"，而不至于"民有饥色，野有饿莩"。孟子的有为，是鼓励国君"省刑罚，薄税敛"，人民"不违农时，谷不可胜食也。数罟不入洿池，鱼鳖不可胜食也。斧斤以时入山林，材木不可胜用也"。而不是如当时的很多国君，"夺其民时，使不得耕耨以养其父母，父母冻饿，兄弟妻子离散"。

孟子的有为，是希望当时的国君能够推恩于百姓，"古之人所以大过人者无他焉，善推其所为而已矣"。又曰："老吾老，以及人之老；幼吾幼，以及人之幼。天下可运于掌。"所以，齐宣王好乐、好田猎、好园囿、好勇、好货、好色，孟子认为这些都无妨，只要能够与民同乐就可以了，"乐民之乐者，民亦乐其乐；忧民之忧者，民亦忧其忧。乐以天下，忧以天下，然而不王者未之有也"。因为"五亩之宅树之以桑，五十者可以衣帛矣！鸡豚狗彘之畜无失其时，七十者可以食肉矣！百亩之田，勿夺其时，数口之家可以无饥矣！谨庠序之教，申之以孝悌之义，颁白者不负戴于道路矣！七十者衣帛食肉，黎民不饥不寒，然而不王者未之有也。"孟子的奔波劳碌，苦心孤诣，就是希望天下平治，人民生活安定富足。

孟子有所不为

可是孟子也是有所不为的人，他不会为了名位势利，或是政治的理想而卑屈迁就，失去做人做事的原则。孟子曾说："人有不为也而后可以有为。"（《孟子·离娄下》）君子的行事风格，是有所为、有所不为，小人则是无所不为。《孟子·公孙丑下》曰："陈臻问曰：'前日于齐，王馈兼金一百而不受；于宋，馈七十镒而受；于薛，馈五十镒而受。前日之不受是，则今日之受非也；今日之受是，则前日之不受非也。夫子必居一于此矣。'孟子曰：'皆是也。当在宋也，予将有远行，行者必以赆；辞曰："馈赆。"予何为不受？当在薛也，予有戒心；辞曰："闻戒，故为兵馈之。"予何为不受？若于齐则未有处也。无处而馈之是货之也。焉有君子而可以货取乎？'"可以取则取，不可以取则不取，取与不取，应有准据。齐王馈兼金一百而不受，因为"于齐未有处也"，君子无功不受禄，不可以货取；于宋有远行，于薛有戒心，所以虽然只是七十镒、五十镒，于理正当，不无可取。所以，不是取与不取的问题，而是应取与不应取的问题。

人生常常陷入两难之间，所谓"鱼，我所欲也；熊掌，亦我所欲也，二者不可得兼，舍鱼而取熊掌者也"。人生最重要的就是要有能力分辨、判断与取舍，在是非、利害、得失、祸福之间，做最正确的决定。《孟子·离娄下》曰："孟子曰：'可以取，可以无取，取伤廉；可以与，可以无与，与伤惠；可以死，可以无死，死伤勇。'"在取与不取、与与不与、死与不死之间，起决定性的因素是什么呢？简单地说，就是一个"义"字。义者，宜也。合宜的事就去做，不合宜的事就不要去做。

大丈夫的气节

孟子虽然有心求仕，致君尧舜，但是不取无义，对于不尊重他的国君，他是不随意委屈的。所以，孟子求见齐君，齐君托词不见。第二天，齐君要见孟子。孟子"辞以病"，曰："天下有达尊三：爵一，齿一，德一。朝廷莫如爵，乡党莫如齿，辅世长民莫如德。恶得有其一以慢其二哉？故将大有为之君，必有所不召之臣，欲有谋焉，则就之，其尊德乐道，不如是不足与有为也。"孟子是个有个性的人，齐君不能尊德乐道，孟子认为"不足与有为也",并举古代贤君为例,"汤之于伊尹,学焉而后臣之,故不劳而王;桓公之于管仲,学焉而后臣之,故不劳而霸。今天下地丑德齐,莫能相尚,无他,好臣其所教,而不好臣其所受教。汤之于伊尹;桓公之于管仲,则不敢召。管仲且犹不可召,而况不为管仲者乎"。

人生最可贵的品质,不是对利的追求,而是对义的坚持。孟子曰:"富贵不能淫,贫贱不能移,威武不能屈,此之谓大丈夫。"这种气节、气度,正是孟子有为与不为的准据。

阅读省思:

1. 孟子为什么要有所为?
2. 孟子为什么会有所不为?

孟子的自得与自在

孟子是战国时期最有名的儒家学者,他是一位政治家,也是一位教育家。虽然当时的诸侯都在追求富国强兵之道,但是孟子仍然非常自信地提出儒家的王道思想,主张以德服人,而不是以力服人。孟子游事齐宣王,宣王不能用;适梁,梁惠王不果其言。不过,孟子游走于诸侯之间,一直是抱持不卑不亢的态度,并不会为了求得一官半职而去奉承巴结、卑躬屈节。《孟子·公孙丑下》曰:"孟子将朝王,王使人来曰:'寡人如就见者也,有寒疾,不可以风。朝将视朝,不识可使寡人得见乎?'对曰:'不幸而有疾,不能造朝。'明日,出吊于东郭氏。"

孟子不亢不卑

孟子本来要去朝见齐宣王,王不见而托疾以召孟子,孟子亦以疾辞,第二天却去参加一个齐大夫东郭氏的葬礼。孟子弟子公孙丑认为好像不妥。孟子回答说:"昔者疾,今日愈,如之何不吊?"其实,孟子真正的意思是:"将大有为之君,必有不召之臣。欲有谋焉,则就之。其尊德乐道,不如是不足与有为也。"想要有作为的国君,必须礼贤下士,"故汤之于伊尹。学焉而后臣之,故不劳而王;桓公之于管仲,学焉而后臣之,故不劳而霸"。孟子以疾辞而不应召去见齐王,正是他的骨气与志节的表现。

孟子行事是很有原则的。齐王馈兼金一百而不受;于宋,馈七十镒而受;于薛,馈五十镒而受。可以取则取,不可以取则不取,不是都可以取,也不是都可以不取,孟子的心中,自有一把尺,衡量是与非、得与失、正与邪、善与恶。

孟子是很通达的人

孟子非常敬重孔子,他赞美孔子是"圣之时者也"(《孟子·万章下》)。孔子的为人处事,都能因时、因地而制宜,不偏不倚,讲求中庸之道,即所谓"仲尼不为已甚者"。《孟子·万章下》曰:"孔子之去齐,接淅而行;去鲁,曰:'迟迟吾行也。'去父母国之道也。"鲁国是孔子的父母之国,心有不舍,故迟迟而行;至于齐国,去意甚坚,义无反顾,乃至连洗好的米都来不及煮熟就取走。

淳于髡是齐国的辩士，《孟子·离娄上》曰："淳于髡曰：'男女授受不亲，礼与？'孟子曰：'礼也。'曰：'嫂溺则援之以手乎？'曰：'嫂溺不援，是豺狼也。男女授受不亲，礼也；嫂溺援之以手者，权也。'"淳于髡以其辩才，问孟子男女授受不亲为礼，则嫂溺是否能援之以手。这是个两难的问题，孟子则很机智、很明确地回答：虽然男女授受不亲，是礼的规范，但是嫂溺于水，关涉生命安危，更重于礼。嫂溺而援之以手，是权宜的表现；嫂溺而不援，则如豺狼一般。

孟子的自得，来自他的自信

孟子的自得，来自他的自信；孟子的自信，则是源于他对天地万物通达的看法。俗语说："万般皆是命，半点不由人。"孟子虽然也说过："莫非命也，顺受其正。"（《孟子·尽心上》）可是孟子并不是悲观论者，生死由命，富贵在天，人生并不是无可奈何地承担上天的一切安排，而是在有限中追求无限。人的生命是有限的，可是很多人并不知道人生的"有限"是多有限，成功的底线，原是可以加长、拉宽，最重要的是要"顺受其正"，而且要"尽心"。《孟子·尽心上》曰："尽其心者，知其性也。知其性，则知天矣。存其心，养其性，所以事天也。夭寿不贰，修身以俟之，所以立命也。"

努力不一定成功，不努力一定失败。孟子为了天下的太平，劳劳碌碌，辛苦奔走于诸侯之间，虽然他所主张的仁义、王道，被诸侯国君认为迂远不能救急，可是孟子并不放弃理想，仍然坚持"当今之世，舍我其谁"的豪情壮志，这是他的可爱与可贵之处。孟子对理想的坚持，是令人敬佩的，也是值得学习和效法的。

君子深造之以道

人生寿命的长短，不是人能掌控的；人生的功名富贵，也不是有求必得的。孟子曰："修身以俟之，所以立命也。"儒家非常重视修身的功夫，《孟子·离娄下》曰："君子深造之以道，欲其自得之也。"如何才能深造自得？毫无疑问，修身是个很重要的功夫。一个人成为圣贤，或是成为凡庸；成为善人，或是成为恶人，都是自取的。

孟子因为知道自己要成为一个什么样的人，所以他显得很自得、很自在。他很自得，是因为他很有自信；他很自在，是因为他有一颗安定的心。

阅读省思：

1. 你认为自己是个自得、自在的人吗？
2. 你对自己的生活很有自信吗？

孟子的人性论

孔子很少谈人性的问题,《论语·公冶长》中子贡曰:"夫子之文章,可得而闻也,夫子之言性与天道,不可得而闻也。"孔子只说:"性相近也,习相远也。"(《论语·阳货》)人性相去不远,可是后天的习染,使人的行为表现有很大的差别,正所谓"近朱者赤,近墨者黑"。不过,在《孟子·告子上》中,孔子引《诗经·烝民》曰:"天生烝民,有物有则,民之秉彝,好是懿德"。孔子曰:"为此诗者,其知道乎?故有物必有则,民之秉彝也,故好是懿德。"可见孔子认为人天生有一颗向善的心。孔子的这种思想,是孟子"性善说"的理论基础。

孟子主张性善

孟子的学术思想,包括政治、经济、社会、教育、伦理等方面,而其中心思想,可以说就是"性善论"。《孟子·告子上》曰:"恻隐之心,人皆有之;羞恶之心,人皆有之;恭敬之心,人皆有之；是非之心，人皆有之。恻隐之心，仁也；羞恶之心，义也；恭敬之心，礼也；是非之心，智也。仁义礼智，非由外铄我也，我固有之矣！"《公孙丑上》曰："无恻隐之心，非人也；无羞恶之心，非人也；无辞让之心，非人也；无是非之心，非人也。恻隐之心，仁之端也；羞恶之心，义之端也；辞让之心，礼之端也；是非之心，智之端也。人之有是四端也，犹其有四体也。"

所谓恻隐之心，就是孟子所说的"不忍人之心"，是不忍害人之心，也是不忍别人受害之心，也就是"仁心""爱心""同情心""慈悲心"。恻隐之心，是出于自然的。《孟子·公孙丑上》曰："今人乍见孺子将入于井，皆有怵惕恻隐之心，非所以内交于孺子之父母也，非所以要誉于乡党朋友也，非恶其声而然也。"我们看见幼童将跌进深井，就会很自然地急于救助；我们看见孤苦残障的人，也会心生怜悯，而想去帮忙，这是人性的光辉。因为心中有爱，所以社会才能和谐、安定。

《孟子·告子上》曰："告子曰：'食色，性也。'"《礼记·礼运》曰："饮食男女，人之大欲存焉。"这些都是指物性而言，是人与其他万物所共通的。但是，人的可贵，除了物性之外，还有人性中很好的品质，那就是孟子所说的"仁、义、礼、智"。因此，孟子曰："人之所以异于禽兽者几希，庶民去之，君子存之。"又曰："君子所以异于人者，以其存心也。君子以仁存心，以礼存心。"

荀子主张性恶

孟子主张性善，儒家另一位学者荀子则主张性恶。《荀子·性恶》曰："今人之性，饥而欲饱，寒而欲暖，劳而欲休，此人之情性也。"又曰："若夫目好色，耳好声，口好味，心好利，骨体肤理好愉佚，是皆生于人之情性者也。"又曰："今人之性，生而有好利焉，顺是，故争夺生而辞让亡焉；生而有疾恶焉，顺是，故残贼生而忠信亡焉；生而有耳目之欲，有好声色焉，顺是，故淫乱生而礼义文理亡焉。然则从人之性，顺人之情，必出于争夺，合于犯分乱理，而归于暴……用此观之，人之性恶明矣。"荀子是以欲为性，一个人如果纵情欲，安姿睢，违礼义，则为败德的小人，所以他强调化性起伪，隆礼兴乐，注重教化的功能。

《中庸》曰："天命之谓性。"人性之中，除了告子所说的"食色，性也"，以及荀子所说的"今人之性，生而有好利焉……

有疾恶焉……有耳目之欲,有好声色焉"之外,更为重要的是孟子所说的"仁、义、礼、智"之性,否则,人与禽兽就没有差别了。人除了是万物之一,更是万物之灵,孟子主张的"仁、义、礼、智"之性,是人类最可贵的品质。

《孟子·尽心下》曰:"孟子曰:'口之于味也,目之于色也,耳之于声也,鼻之于臭也,四肢之于安佚也。'"这些是人性所共有的,但是这些欲望的满足,有得有不得,每个人的命运不同,遭遇不同,所以君子不把它视为"性"。相反,"仁之于父子也,义之于君臣也,礼之于宾主也,知之于贤者也,圣人之于天道也,命也,有性焉,君子不谓命也"。这五者的得与不得,看似天命,可是在人性之中,本来就具有这样的条件、能力,所以君子不把它看成"命"。

人皆可以为尧舜

从孟子的观点来看,是"人皆可以为尧舜"。可是,为什么不是人皆为尧舜呢?就像孟子主张性善,可是,并不是人人皆为善人。孟子曰:"牛山之木尝美矣,以其郊于大国也,斧斤伐之,可以为美乎?是其日夜之所息,雨露之所润,非无萌蘖之生焉,牛羊又从而牧之,是以若彼濯濯也。人见其濯濯也,以为未尝有材焉,此岂山之性也哉?虽存乎人者,岂无仁义之心哉?其所以放其良心者,亦犹斧斤之于木也,旦旦而伐之,可以为美乎?"

存养善端,扩充善行

孟子主张存养善端,扩充善行。孟子认为人有仁、义、礼、智四端,就像人有四个肢体一样。"凡有四端于我者,知皆扩而充之矣。若火之始然,泉之始达。苟能充之,足以保四海,苟不充之,不足以事父母。"人的仁、义、礼、智四种善端,如火苗和水源,星星之火,可以燎原;滚滚长江,始于涓滴细流。孟子期勉我们,"人人亲其亲,长其长,而天下平"。只要人人都能发挥心中的善念,表现出善行,天下自然就太平了。

阅读省思:

1. 你同意孟子的"性善论"吗?
2. 你同意"人皆可以为尧舜"吗?

孟子的不动心

孟子四十不动心

《孟子·公孙丑上》中公孙丑问曰:"夫子加齐之卿相,得行道焉,虽由此霸王不异矣。如此,则动心否乎?"孟子曰:"否,我四十不动心。"孔子四十不惑,孟子四十不动心。孟子为什么能不动心?宋程子曰:"心有主,则能不动矣。"孟子一生的职志,以继承尧、舜、禹、汤、周公、孔子的道统自居,提倡性善,主张王道,"滕文公为世子,将之楚,过宋而见孟子。孟子道性善,言必称尧舜。世子自楚反,复见孟子。孟子曰:'世子疑吾言乎?夫道一而已矣。'"

持其志无暴其气

孟子告诉公孙丑说:"告子先我不动心。"公孙丑问:"敢问夫子之不动心,与告子之不动心,可得闻与?"孟子回答说,告子的不动心是"不得于言,勿求于心;不得于心,勿求于气"。

不中听的话，就不要放在心上；不契合于心的事，就不要去动气。孟子认为："不得于心，勿求于气，可；不得于言，勿求于心，不可。"因为志和气是连在一起的，"夫志至焉，气次焉""志壹则动气，气壹则动志"。孟子主张的不动心，是"持其志，无暴其气"。告子的不动心，是"不得于心，勿求于气"，这是逃避问题的存在，不敢面对问题，而以为没有问题，所以就不会动心了，这是懦弱的表现。孟子的不动心，则是勇敢地面对问题，正视问题，而以"持其志，无暴其气"的方式，努力解决问题。

孟子的不动心和知言、养气连在一起。"何谓知言？"曰："诐辞知其所蔽，淫辞知其所陷，邪辞知其所离，遁辞知其所穷。"诐辞，是偏颇之辞；淫辞，是放荡之辞；邪辞，是邪辟之辞；遁辞，是逃避之辞。"人之有言，皆本于心，其心明乎正理而无蔽，然后其言平正通达而无病；苟为不然，则必有是四者之病矣。"

孟子善养浩然之气

"敢问何谓浩然之气？曰：'难言也。其为气也，至大至刚，以直养而无害，则塞于天地之间。其为气也，配义与道；无是，馁也。是集义所生者，非义袭而取之也。行有不慊于心，则馁矣。'"孟子的养气，是养浩然之气，他所谓的浩然之气，是充塞在天地之间，至大至刚，配义与道，集义所生。宋程子曰："孟子有功于圣门，不可胜言。仲尼只说一个仁字，孟子开口便说仁义。仲尼只说一个志，孟子便说许多养气出来。只此二字，其功甚多。"孟子因为能知言、养气，所以才能不动心。

扩充善端

孟子的不动心，不是不去动心，而是心不为所动。孟子一方面能知言，了然于心，知别人之诐辞、淫辞、邪辞、遁辞，而不为所蔽、所陷、所离、所穷，自己也不为诐辞、淫辞、邪辞、遁辞，也不会有所蔽、所陷、所离、所穷，坦坦荡荡，心安理得，怡然自得。另一方面，孟子存心养气，居仁由义，"持其志，无暴其气"，所以能不动心。

《孟子·尽心上》中王子垫问曰："士何事？"孟子曰："尚志。"曰："何谓尚志？"曰："仁义而已矣。杀一无罪，非仁也；非其有而取之，非义也。居恶在？仁是也；路恶在？义是也。居仁由义，大人之事备矣。"孟子主张性善，"恻隐之心，仁之端也；羞恶之心，义之端也；辞让之心，礼之端也；是非之心，智之端也。人之有是四端也，犹其有四体也……凡有四端于我者，知皆扩而充之矣。若火之始然，泉之始达。苟能充之，足以保四海；苟不充之，不足以事父母"（《孟子·公孙丑上》）。孟子又曰："恻隐之心，人皆有之；羞恶之心，人皆有之；恭敬之心，人皆有之；是非之心，人皆有之。恻隐之心，仁也；羞恶之心，义也；恭敬之心，礼也；是非之心智也。仁义礼智，非由外铄我也，我固有之也，弗思耳矣。"（《孟子·告子上》）孟子曾举牛山之木为喻，比喻人类行为的偏失就像牛山之木，本来很茂密，因为郊于大国，"斧斤伐之，可以为美乎"。人心本来是善的，"仁，人心也；义，人路也。舍其路而弗由，放其心而不知求，哀哉"。

人心的迷失，往往是因为自己把持不住。孟子曰："欲贵者，人之同心也。人人有贵于己者，弗思耳。人之所贵者，非良贵也。赵孟之所贵，赵孟能贱之。诗云：'既醉以酒，既饱以德。'言饱乎仁义也，所以不愿人之膏粱之味也。令闻广誉施于身，所以不愿人之文绣也。"又曰："万物皆备于我矣。反身而诚，乐莫大焉。强恕而行求仁莫近焉。"

阅读省思：

1. 你常会经不起外界的诱惑吗？
2. 你能抗拒物欲的诱惑吗？

孟子的知言

公孙丑问孟子曰:"夫子加齐之卿相,得行道焉,虽由此霸王不异矣。如此,则动心否乎?"孟子曰:"否,我四十不动心。"人的一生之中,各种名利、是非、得失、祸福,都会令人动心;各种情牵、物累、利害、善恶,都使人心生罣碍。只有心有所主的人,才能免于一切的烦恼和痛苦。布袋和尚的偈语:"布袋,布袋,放下布袋,何等自在?"布袋中之物,或为名望,或为珠宝,或为情爱,或为喜乐,或为烦忧,归结而言,"执着"二字而已。当一个人能体会到当家做主,做自己生命的主人时,才能够真正了解自己要什么、不要什么,该要什么、不该要什么,能要什么、不能要什么,而且了解生命的真谛,是人生没有非如何、非不如何的事,也才能放下一切,而欢喜随缘,不会随风飘移,不能自已。

知言与养气

孟子之所以能够"加齐之卿相,得行道焉"而不动心,就是因为他的心有所主,不以物喜,不以己悲。孟子的不动心,主要得力于知言和养气。朱熹注:"知言者,尽心知性,于凡天下之言,无不有以究极其理,而识其是非得失之所以然也。"浩然,盛大流行之貌。气,即所谓"体之充"者,本自浩然,失养故馁,惟孟子为善养之,以复其初也。盖惟知言,则有以明夫道义,而于天下之事无所疑;养气,则有以配夫道义,而于天下之事无所惧;此其所以当大任而不动心也。"

"盖惟知言,则有以明夫道义,而于天下之事无所疑。"《大学》:"知止而后有定。"又:"欲诚其意者,先致其知。"这都是强调"知"的重要。知是行的基础,对一切事物都能明明白白,有真知灼见,才不会被欺蒙遮蔽,而做出错误的判断,影响正确的行为。意之所发,有善有恶,明善恶之分,意才能诚,所以说"欲诚其意者,先致其知"。

孟子所谓的知言,是指"诐辞知其所蔽;淫辞知其所陷;邪辞知其所离;遁辞知其所穷"。言为心声,"诐辞""淫辞""邪辞""遁辞",都是生于心有所"蔽""陷""离""穷"。想要正言，必先正心，正心之道，在于养气，由此可见知言和养气的密切关系。

知他人之言

孟子的知言，是指知他人之言。孟子欲"正人心，息邪说，距诐行，放淫辞"，当然必先知言。孟子有"舍我其谁"的勇气和决心，即所谓"五百年必有王者兴，其间必有名世者，由周而来，七百有余岁矣。以其数则过矣，以其时考之则可矣。夫天，未欲平治天下也；如欲平治天下，当今之世，舍我其谁也"。

杨氏为我，是无君也

《孟子·滕文公下》曰："杨氏为我，是无君也；墨氏兼爱，是无父也。无父无君，是禽兽也……杨墨之道不息，孔子之道不著，是邪说诬民，充塞仁义也。仁义充塞，则率兽食人，人将相食。吾为此惧，闲先圣之道，距杨墨，放淫辞，邪说者不得作。"孟子承继孔子的儒家思想，主张君君、臣臣、父父、子子，所以将杨朱的"为我"与墨子的"兼爱"视同邪说、淫辞。

另外，如主张神农之言的许行，及其弟子陈相的"君民并耕而食"说，孟子也一一加以批驳。孟子曰："有大人之事，有小人之事。且一人之身，而百工之所为备。如必自为而后用之，是率天下而路。"《孟子·滕文公上》曰："夫物之不齐，物之情也。或相倍蓰，或相什百，或相千万。子比而同之，是乱天下也。"而墨者夷之因徐辟而求见孟子，孟子也就墨家薄葬思想的不合人情予以举譬批评，他说："盖上世尝有不葬其亲者，其亲死，则举而委之于壑。他日过之，狐狸食之，蝇蚋姑嘬之；其颡有泚，睨而不视。夫泚也，非为人泚，中心达于面目。盖归反虆梩而掩之。掩之诚是也，则孝子仁人之掩其亲，亦必有道矣。"

齐宣王一再以自己好乐、好勇、好货、好色作为不能行王政的借口，这是"遁辞"，孟子则勉之以"与民同之"；梁惠王以为自己对人民已经很尽心，"河内凶，则移其民于河东，移其粟于河内。河东凶亦然""察邻国之政，无如寡人之用心者。邻国之民不加少，寡人之民不加多，何也"。这是"诐辞"。梁惠王只见其一不见其二，他只有在急难时的救助，而不能从根本上让人民衣食无忧，"养生丧死无憾"，所以孟子以"五十步笑百步"为喻。

知自己之言

知言，不只知他人之言。"一句话令人笑，一句话令人跳"。别人常常不在乎我们说什么，而在乎我们怎么说，说话的内容很重要，说话的技巧也很重要，有些人言不由衷，有些人言不及义。《孟子·尽心下》曰："君子之言也，不下带而道存焉。"古人视不下带，带之上乃目前常见而至近之处，君子之言，不必高谈阔论，言近而旨远。只要心无所蔽、无所陷、无所离、无所穷，就不会有诐辞、淫辞、邪辞、遁辞。正言必先正心，知言贵在养气。不管是知他人之言，还是知自己之言，最为重要的就是要常常保持一颗清明的心。"人有鸡犬放则知求之，有放心而不知求。"我们要能把放散的心找回来，就不会有所蔽、所陷、所离、所穷。

阅读省思：

1. 你常能正确理解别人的话吗？
2. 你的话常被误解吗？

孟子的养气

修身是儒家最基本的思想，孟子就十分重视修身的道理。《大学》曰："自天子以至于庶人，壹是皆以修身为本。"《中庸》曰："知所以修身，则知所以治人；知所以治人，则知所以治天下国家矣！"孟子谈修身，首重养气。《孟子·公孙丑上》曰："敢问夫子恶乎长？"曰："我知言，我善养吾浩然之气。""敢问何谓浩然之气？"曰："难言也。其为气也，至大至刚，以直养而无害，则塞于天地之间。其为气也，配义与道，无是，馁也。是集义所生者，非义袭而取之也。行有不慊于心，则馁矣！"

浩然之气，塞乎天地

孟子所养的气，是寓于寻常之中，而塞乎天地之间，是我们日常生活当中，应行之路、应循之理，是配合着"义"和"道"的。什么是"义"？《孟子·告子上》曰："仁，人心也；义，人路也。"又《离娄上》曰："仁，人之安宅也；义，人之正路也。"可知孟子所谓的"义",是指人生的正路,是人生所应循的路,而不是歧途、邪路;而孟子所谓的道,依陈立夫先生《道德之科学解析及其力量》一文的见解,是指人类共生共进化之原理,也就是天理。另外,也可以是指生命的理想。"气"字的含义,最早是指云气,为自然之气。《说文解字》中说:"气,云气也。象形。凡气之属皆从气。"这是"气"字的本意。《易传》《老子》首先把"气"字看成宇宙的本源,为天地的元气。《易传·系辞上》曰:"是故《易》有太极,是生两仪。两仪生四象,四象生八卦。八卦定吉凶。"孔颖达《正义》曰:"太极谓天地未分之前元气,混合为一,即是太初、太一也。"《老子》第四十二章:"道生一,一生二,二生三,三生万物。万物负阴而抱阳,冲气以为和。"

通天下一气

随着人民生活水平的提高,语言结构不断改变,语意的表达也日趋繁复。"气"字的含义,由天地的元气,增衍为人体之气。因为气既然为天地万物创立的元素,人为万物之一,人的生命来源,当然也是气;气遍布在天地之间,当然也在人体周围流行。《庄子·知北游》曰:"通天下一气耳。"又曰:"人之生,气之聚也。聚则为生，散则为死。"庄子认为天地万物的成毁、生死，都只是气的流衍、聚散，人的生死，也是如此。不过，气只是一种抽象的存在，不可见，不可闻，不可觉，它不是客观的实体，而是要靠我们的存养，不断努力探求才能体会到的，并且融入我们的生命中，发挥与天地合德的功能。

人体之气，大致可分为生理之气与心理之气。生理之气包括：

血气：周遍于身体，为生命的活动力，或称为元气。

息气：人类呼吸的气息。

声气：人体生命力，通过发音器官，所发出的声音。

心理之气包括：

神气：为人体生命力的作用及外现，俗称精神。

志气：由心志的作用，所表现的气象。

勇气：人体表现于勇力的精神面貌。

孟子所养的气，是指心理之气。不过，生理之气和心理之气，有非常密切的关系。血气健旺的人，神气也一定健旺；血气衰败的人，神气也一定衰败。

另外，一个人的精神意志，也会影响生理健康。一个病人染患重疾，如果精神意志坚强，就比较容易痊愈；如果精神意志薄弱，就比较难以恢复。古今成大事业的人，都有坚强的意志，有远大的雄心壮志。

以直养而无害

如何养气呢？孟子曰："以直养而无害。"直是正直、正当的意思，该怎么样就怎么样，不该怎么样就不要怎么样，做人做事都有一定的准则，不可以悖逆。古人说："多行不义，必自毙。"一个人立身处世，如果倒行逆施，不依正道，当然是众叛亲离，难以善终。《孟子·公孙丑上》曰："仁则荣，不仁则辱。今恶辱而居不仁，是犹恶湿而居下也。"所以，养气的方法，首先要行事端正，不做伤害正道的事。孟子曰："自反而不缩，虽褐宽博，吾不惴焉？自反而缩，虽千万人，吾往矣！"其次，要时时存念、涵养，坚持不懈。孟子说："是集义所生者，非义袭而取之也。"人生是永不止息的奋斗过程，做好人、做好事，是一辈子的事，不是偶尔为之而已。一个人要做一辈子的好人，才被肯定为好人，如果不小心做了一件伤天害理、伤害别人的事，就被归类为坏人。人生的难为，就是如此。人生是很辛苦的，就是圣人也会有妄念，也不免会有贪、瞋、痴的困惑，何况是我们凡俗之辈？所以孟子告诉我们要时时存养善性。《孟子·告子上》曰："苟得其养，物无不长；苟失其养，物无不消。"

天地有正气

文天祥《正气歌》曰："天地有正气，杂然赋流形。下则为河岳，上则为日星。于人曰浩然，沛乎塞苍冥。"文天祥所谓的正气，就是孟子所养的"至大至刚"的浩然之气。诚于中则形于外，浩然之气，是自发的，不是外塑的，所以浩然之气的培养要顺其自然。

孟子在战国时期，以浩然之气，发仁义之言。其所行者，圣贤的志节；其所言者，圣贤的理义。所以孟子的文章，理义充盛，气势雄沛。当然，更为重要的是他的道德修养，值得我们认真学习。

阅读省思：

1. 何谓浩然之气？
2. 孟子养气对写作有什么影响？

孟子的寓言

寓言是寓寄之言

所谓寓言,简单地说,就是寓寄之言,言在此而意在彼,意在言外,别有寄托。我国最早的寓言,见于《庄子》一书。《史记·老庄申韩列传》说:"其(庄子)著书十余万言,大抵率寓言也。"《庄子·寓言》自述其文章曰:"寓言十九,重言十七,卮言日出。"庄子笔下的寓言,大多是他凭空编造出来的,他假借各种神仙、鬼怪、古代圣贤、动物、植物,虚构许多富有浪漫色彩的故事,无中生有,诡谲变化,令人惊,令人奇,令人感叹,令人省思。

孟子与庄子,同是生活在战国时代,可惜一南、一北,没有机缘交会,而各自表现杰出的智慧、才学、政治主张、人生观照,对中国的学术发展、文化传承,都有卓越的贡献。春秋五霸,战国七雄,从春秋时代进入战国时代,在学术上是诸子蜂起,百家争鸣;在政治上则是"争地以战,杀人盈野,争城以战,杀人盈城"(《孟子·离娄上》)强侵弱、众暴寡的混乱时代。诸侯之间,追求的是富国强兵之道。热心政治的人,不管是为了个人的名利,还是为了施展政治的抱负,在劝谏君王采纳雅言之际,如何揣测君王的心理,如何才不会触动人主的逆鳞而免遭杀身之祸,都非常讲究语言的技巧。

天下沉浊,不可与庄语

庄子认为"天下沉浊,不可与庄语",所以他是用"谬悠之说,荒唐之言,无端崖之辞,时恣纵而不傥,不以觭见之也"(《庄子·天下》)。而孟子则是善用譬喻的修辞,有时含蓄,有时灵活;有时嘲讽,有时警惕,借着生动、活泼、有趣的故事,达到启发、引导、觉醒的目的。有一天,孟子对齐宣王说:如果他有一个臣子,要到楚国去游历,把他的家人托付给他朋友照顾,等他回国的时候,发现他的朋友并没有尽到照顾的责任,反而让他的家人挨饿受冻。对待这样的朋友,应该怎么办。齐宣王回答说,应该和他绝交。孟子又说,如果齐宣王的臣子,不能尽到臣子的责任,管监狱的官让犯人逃跑了,该怎么处理。齐宣王回答说,应该罢免他。孟子又问,如果一个国君不能把国家治理好,这个国君怎么办。齐宣王知道上当了，只好顾左右而言他。

孟子面对齐宣王，勉励其努力施行仁政，但是不敢直言顶撞，冒犯人君，于是委婉其辞，假借齐王之臣的朋友未尽照顾友人妻、友人子的责任，又假借齐王之臣未尽臣职，然后再述齐国四境之内不治。如以齐王之臣的朋友，应该"弃之"；齐王之臣，应该"已之"；则齐王应该"罢之"。齐王无以回答，只好转移话题，"顾左右而言他"。寓言的结构必须具备两个条件，一是故事，一是寓意。光有故事而没有寓意，不能算是寓言；只有寓意而没有故事情节，也不能算是寓言。

寓言多半是虚构的故事

寓言多半是虚构的故事，不必真有其人，真有其事，所以在这则寓言中，不必真有齐王之臣到楚国游，也不必真有不能治士的士师。当然，齐国四境之内治与不治，也只是孟子的设譬，孟子主张"说大人则藐之，勿视其巍巍然"（《孟子·尽心下》）。孟子无畏于朝君，但在语言技巧上是很讲究的。这则寓言，对齐宣王有一定的启发性和警觉性。

孟子寓言颇多嘲讽

《孟子·公孙丑上》曰:"宋人有闵其苗之不长而揠之者,芒芒然归。谓其人曰:'今日病矣,予助苗长矣!'其子趋而往视之,苗则槁矣。"这则寓言,是孟子告诉公孙丑如何养浩然之气。孟子曰:"其为气也,配义与道,无是,馁也。是集义所生者,非义袭而取之也……心勿忘,勿助长。"孟子认为浩然之气的培养,要靠平日的努力修养,言行举止都要合于义、合于道,是日积月累,自然蓄养,不是偶尔做一两件合于义、合于道的事,就能具备涵养。而且,浩然之气的培养,最重要的是内心的存念,是不能急于求成的,所以孟子讲述一则宋人揠苗助长的故事来加以说明。因为它只是一则寓言,所以不必考证、查索是不是真有一个宋人做了这件事,而且因为它是寓言,所以在这故事的背后,蕴含了一个普遍的道理,即"欲速则不达"。这个故事流传至今,就是因为它的寓意具有启发、教育的功能,在诙谐有趣的文字中,嘲讽宋人的不智,却也令读者心生警惕。

这则寓言对读者也很有警醒意义。我们常常自以为很聪明,却常常聪明反被聪明误,做出一些傻事。另外,任何事的成功,绝不是一蹴而就,水到才能渠成,急于求成,反会败事。学问的精进,德行的修养，都需要点点滴滴的积累。在紧张忙碌的现代社会，凡事讲求速度、效率，这则寓言实在有很深刻的寓意。

《孟子》一书，最脍炙人口的一则寓言，见于《离娄下》曰："齐人有一妻一妾而处室者。其良人出，则必餍酒肉而后反。其妻问所与饮食者，则尽富贵也。其妻告其妾曰：'良人出，则必餍酒肉而后反，问其与饮食者，尽富贵也，而未尝有显者来，吾将瞷良人之所之也。'蚤起，施从良人之所之，遍国中无与立谈者。卒之东郭墦间，之祭者，乞其余；不足，又顾而之他，此其为餍足之道也。其妻归，告其妾曰：'良人者，所仰望而终身也，今若此。'与其妾讪其良人，而相泣于中庭，而良人未之知也，施施从外来，骄其妻妾。由君子观之，则人之所以求富贵利达者，其妻妾不羞也而不相泣者，几希矣。"

这则寓言很像一个剧本，故事的内涵，不只是单线的叙述，而有戏剧性的变化，情节娓娓动人，人物形象也很鲜明。故事的内容，也许是孟子采自当时的民间传说，也许是孟子的杜撰，目的是嘲讽当时一些追求富贵名利的人，为了争名夺利，可以做出各种见不得人的卑鄙龌龊行径，却沾沾自喜，骄其家人友朋。孟子的这则寓言，无疑是对这些人的当头棒喝。

阅读省思：

1. 你喜欢听寓言故事吗？
2. 你从寓言故事中能得到哪些启示呢？

孟子论仁与义

宋程子曰:"孟子有功于圣门,不可胜言。仲尼只说一个仁字,孟子开口便说仁义。仲尼只说一个志,孟子便说许多养气出来。只此二字,其功甚多。"文天祥《正气歌序》也说:"孔曰成仁,孟曰取义。"孟子继承孔子的思想而加以发扬光大,孔子只谈仁,孟子兼谈义,有时仁义合论,有时仁义分述,皆有胜境。大体而言,仁、义二字,都属德行的修养。从孟子性善说的角度来看,"仁义礼智,非由外铄我也,我固有之也,弗思耳矣"。

性,犹杞柳也

告子主张:"性,犹杞柳也;义,犹桮棬也。以人性为仁义,犹以杞柳为桮棬。"(《孟子·告子上》)告子认为人之为仁义,就像折屈杞柳,做成桮棬等盛酒器皿。人性本无仁义,必待矫揉而后成。孟子则批评说:"子能顺杞柳之性而以为桮棬乎?将戕贼杞柳而后以为桮棬也?如将戕贼杞柳而以为桮棬,则亦将戕贼人以为仁义与?"戕贼杞柳而后以为桮棬,可是人之为仁义,并非戕贼人性而成。人之所以不能行仁义,就像牛山之木一样。牛山之木,曾经非常茂美,因为天天被砍伐,所以变得童山濯濯。人性本来都是善良的,因为受到后天不好的环境的习染,所以会日趋堕落。公都子问曰:"钧是人也,或为大人,或为小人,何也?"孟子曰:"从其大体为大人,从其小体为小人。"人之为善为恶,只在一念之间,一念为善则为善人,一念为恶则为恶人。孟子曰:"君子所以异于人者,以其存心也。君子以仁存心,以礼存心。"(《孟子·离娄下》)说的就是这个道理。

依乎仁义,行乎仁义

《孟子·离娄下》中孟子曰:"人之所以异于禽兽者几希,庶民去之,君子存之。舜明于庶物,察于人伦。由仁义行,非行仁义也。"这强调了舜的伟大。"由仁义行,非行仁义也。"这是顺着仁义之心而行,而不是为行仁义而行仁义,不是因为仁义为美,才勉强行之,而是自然而然,依乎仁义,行乎仁义。孟子非常重视仁义的存心,"人有鸡犬放,则知求之;有放心,而不知求""今有无名之指,屈而不信,非疾痛害事也。如有能信之者,则不远秦楚之路，为指之不若人也。指不若人，则知恶之；心不若人，则不知恶。此之谓不知类也""拱把之桐梓，人苟欲生之，皆知所以养之者，至于身，而不知所以养之者，岂爱身不若桐梓哉？弗思甚也"。

孟子曰："仁，人心也；义，人路也。"仁与义，似是而不同，仁是存心，义是是非的判断、行为的表现。《孟子·梁惠王下》曰："贼仁者谓之贼，贼义者谓之残。残贼之人，谓之一夫。"朱熹《集注》曰："贼，害也。残，伤也。害仁者，凶暴淫虐，灭绝天理，故谓之贼。害义者，颠倒错乱，伤败彝伦，故谓之残。"

孟子鼓励时君施行仁政

孟子鼓励时君施行仁政，"五亩之宅，树之以桑，五十者可以衣帛矣；鸡豚狗彘之畜，无失其时，七十者可以食肉矣；百亩之田，勿夺其时，数口之家可以无饥矣；谨庠序之教，申之以孝悌之义，颁白者不负戴于道路矣。七十者衣帛食肉，黎民不饥不寒，然而不王者，未之有也""今王发政施仁，使天下仕者皆欲立于王之朝，耕者皆欲耕于王之野，商贾皆欲藏于王之市，行旅皆欲出于王之涂，天下之欲疾其君者，皆欲愬于王。其若是，孰能御之"。

孔子曰："道二，仁与不仁而已矣。"（《离娄上》）天子、诸侯、卿大夫、士庶人，皆然。"天子不仁，不保四海；诸侯不仁，不保社稷；卿大夫不仁，不保宗庙；士庶人不仁，不保四体。""今恶死亡而乐不仁，是犹恶醉而强酒。""仁则荣，不仁则辱。今恶辱而居不仁，是犹恶湿而居下也。"（《公孙丑上》）

仁，人之安宅

《孟子·离娄上》曰："仁，人之安宅也；义，人之正路也。旷安宅而弗居，舍正路而不由，哀哉！"仁是人的善良存心，义是人的正确作为。人生往往有许多的困顿、疑虑、诱惑，昧于迷障，难以取舍，如何才能有明确的分辨、判断，是要有大智慧的。"居天下之广居，立天下之正位，行天下之大道。得志与民由之，不得志独行其道。富贵不能淫，贫贱不能移，威武不能屈，此之谓大丈夫。"（《滕文公下》）这是义的表现。孟子曰："夫天，未欲平治天下也，如欲平治天下，当今之世，舍我其谁也。"（《公孙丑下》）孟子之所以有如此的担当和志气，那是因为他善养"配义与道"的"浩然之气"。

《孟子·离娄上》曰:"淳于髡曰:'男女授受不亲,礼与?'孟子曰:'礼也。'曰:'嫂溺则援之以手乎?'曰:'嫂溺不援,是豺狼也。男女授受不亲,礼也;嫂溺援之以手者,权也。'"男女授受不亲,嫂溺而不援之以手,则是豺狼也。所以,"大人者,言不必信,行不必果,惟义所在"。

阅读省思:

1. 仁与义有什么不同?
2. 人与禽兽不同的地方是什么?

孟子论孝道

百善孝为先

"百善孝为先",孝道是我国立国的根本。孟子非常重视人伦关系,尤其是孝道。《孟子·滕文公上》曰:"人之有道也,饱食、暖衣、逸居而无教,则近于禽兽。圣人有忧之,使契为司徒,教以人伦——父子有亲,君臣有义,夫妇有别,长幼有序,朋友有信。"司徒是掌管教育的官,古代圣贤设立学校,目的是明人伦。人伦明于上,百姓亲于下,社会自然安定;社会安定,国家就能富强。

伦理思想,是孔、孟思想的核心,是指人与人之间如何和谐相处的道理。人在天地间,第一重要的事,便是要懂得做人的道理,懂得如何在天地间扮演自己的角色。人是群居动物,小至家庭,大至社会、国家,甚至于全人类,个人与群体都有着或亲、或疏的关系。父母与子女之间,有着血浓于水的亲情,是各种人际关系中最为密切的。

孟子论人伦，首重父子，因为"事亲，事之本也"。孟子曰："大孝，终身慕父母。"可见孟子对孝道的重视。

事亲以养志为先

孟子论事亲之道，以养志为先。《离娄上》曰："曾子养曾皙，必有酒肉。将彻，必请所与。问有余，必曰：'有。'曾皙死，曾元养曾子，必有酒肉。将彻，不请所与。问有余，曰：'亡矣！'将以复进也。此所谓养口体者也。若曾子，则可谓养志也。事亲若曾子者，可也。"曾子是古代有名的孝子，《尽心下》曰："曾皙嗜羊枣，而曾子不忍食羊枣。公孙丑问曰：'脍炙与羊枣孰美？'孟子曰：'脍炙哉！'公孙丑曰：'然则曾子何为食脍炙而不食羊枣？'曰：'脍炙，所同也；羊枣，所独也。讳名不讳姓，姓所同也，名所独也。'"

曾元和曾子一样，供养父亲，都有酒肉，可是曾子能让他的父亲曾皙安心地享受酒肉（"将彻，必请所与。问有余？必曰'有'。"），而曾元对待曾子，却是"将彻，不请所与。问有余，曰：'亡矣！'将以复进也"。曾元把曾子吃剩的酒肉，下一顿饭再拿出来给他吃，所以孟子批评曾元只是"养口体者也"，而曾子才是"养志"。《论语·为政》曰:"子游问孝。子曰:'今之孝者,是谓能养,至于犬马皆能有养,不敬,何以别乎?'"又:"子夏问孝。子曰:'色难!有事弟子服其劳,有酒食先生馔,曾是以为孝乎!'"可见孔、孟都认为孝顺父母,不在于口体之养,最重要的是敬心与顺意。《孟子》赵岐注:"言上孝养志,下孝养体。曾参事亲,可谓至矣!孟子言之,欲令后人则曾子也。"所谓养志,就是顺承父母的心意,而不只以饮食养父母口腹而已。

舜是有名的孝子

舜是有名的孝子,《孟子》书中,多次征引舜的事迹,以说明孝的道理。《万章上》曰:"帝(尧)使其子九男二女,百官牛羊仓廪备,以事舜于畎亩之中,天下之士多就之者。帝将胥天下而迁之焉!为不顺于父母,如穷人无所归。天下之士悦之,人之所欲也,而不足以解忧;好色,人之所欲,妻帝之二女,而不足以解忧;富,人之所欲,富有天下,而不足以解忧;贵,人之所欲,贵为天子,而不足以解忧。人悦之、好色、富贵,无足以解忧者,惟顺于父母,可以解忧。人少则慕父母;知好色则慕少艾;有妻子则慕妻子;仕则慕君,不得于君则热中。大孝终身慕父母，五十而慕者，予于大舜见之矣。"

《尚书·尧典》曰："父顽，母嚚，弟傲。"舜的父亲个性顽固，舜的继母对待他很苛刻，舜同父异母的弟弟性情乖傲。他们常常想杀害舜，"父母使舜完廪，捐阶，瞽瞍焚廪；使浚井，出，从而掩之"。但是，由于舜竭尽事亲之道，终于感动了他的父母和弟弟，使他的父母和弟弟都能喜欢他，也使天下人都受到感化。孟子赞扬舜为大孝，"不顺于父母，如穷人无所归""惟顺于父母，可以解忧"，以及《离娄上》中"不得乎亲，不可以为人；不顺乎亲，不可以为子"等语，都极为精辟，值得我们惕厉。

不孝有三，无后为大

"不孝有三，无后为大"，语出《孟子·离娄上》。"舜不告而娶，为无后也，君子以为犹告也"。所谓不孝有三者，赵岐注："于礼有不孝者三事，谓阿意曲从，陷亲不义，一不孝也；家贫亲老，不为禄仕，二不孝也；不娶无子，绝先祖祀，三不孝也。"尧把自己的两个女儿嫁给舜，舜因为怕他不通情理的父母反对，所以不告而娶。这本来是不对的行为，但是不以小顺而害大伦，所以君子以为舜不告而娶，视同已经禀告过父母了。又《离娄下》曰："孟子曰：'世俗所谓不孝者五：惰其四支，不顾父母之养，一不孝也；博弈好饮酒，不顾父母之养，二不孝也；好货财，私妻子，不顾父母之养，三不孝也；从耳目之欲，以为父母戮，四不孝也。好勇斗狠，以危父母，五不孝也。'"可见孟子对孝道的重视。

事亲的道理，送死重于养生。孟子说："养生者不足以当大事，惟送死可以当大事。"曾子终生不食羊枣，孟子美之；墨家薄葬其亲，孟子正之。《孟子·滕文公上》曰："盖上世尝有不葬其亲者，其亲死，则举而委之于壑。他日过之，狐狸食之，蝇蚋姑嘬之；其颡有泚，睨而不视。夫泚者，非为人泚，中心达于面目。盖归反蘽梩而掩之。掩之诚是也。"子女对于父母，应该尽心尽力表达孝敬的心，父母在世的时候，要能担起奉养的责任；父母过世的时候，应该要"厚葬久丧"，以尽孝心。人之所以为人，人和禽兽不同的地方，是人具有珍贵的人性，懂得感恩与惜福。

阅读省思：

1. 你能尽到孝道吗？
2. "不孝有三，无后为大。"这种说法你同意吗？

孟子论交友

在传统的五伦关系中，朋友一伦，在今天的社会尤为密切，因为人与人之间的往来，不像从前那么单纯。随着科技的发达、交通的便捷，人与人之间的互动更为频繁、快速、直接，在我们一生之中影响最为深远的人，除了父母、家人，朋友也非常重要。孟子除了重视政治思想、经济思想、教育思想之外，他对伦理思想也非常重视，而在朋友一伦，首重"信"字。

朋友有信

古代圣人设庠序之教，目的在于明人伦，人伦明于上，百姓亲于下，社会自然安定，国家自然富强。人之相知，贵相知心，孟子曰："朋友有信。"说的是朋友交往，贵在以诚相待，要讲信实。诚信是做人最重要的德行，一个人能勇敢而真实地面对自己的生命，诚诚恳恳、实实在在地待人接物，才能活出自己的尊严和价值，并赢得别人的肯定和敬重。《中庸》曰："不诚无物。"又曰："故至诚无息。不息则久，久则征，征则悠远，悠远则博厚，博厚则高明。"诚是自己人格的完成，至诚无妄，不诚的人，无所立于天地之间。

不挟长，不挟贵

孟子的伦理思想，包括各种人际关系，其相处之道，都是以"诚"为出发点。《孟子·离娄上》曰："居下位而不获于上，民不可得而治也。获于上有道，弗信于友，不获于上矣。信于友有道，事亲弗悦，弗信于友矣。悦亲有道，反身不诚，不悦于亲矣。诚身有道，不明乎善，不诚其身矣。是故诚者天之道也，思诚者人之道也，至诚而不动者未之有也，不诚未有能动者也。"由此可见孟子对"诚"的重视。

立身之道，以诚为本，友朋往来，尤贵真诚。孟子论交友之道，不可挟恃年长、挟恃富贵。"友也者，友其德也。"结交朋友，是结交其品德，而不是因为朋友有钱、有地位。彼此能以德交友，才能长长久久。人与人之间，因为有缘才能相见，因为有情才能相聚，因为有义才能天长地久，情、义二字就是德行的表现。"以利合者，必以利分"，因为利益而结合，必然也因为利益而分开，情与义才是人与人之间最紧密联系的动力。

《孟子·万章下》中万章问曰："敢问友。"孟子曰："不挟长，不挟贵，不挟兄弟而友。友也者，友其德也，不可以有挟也。孟献子，百乘之家也，有友五人焉。乐正裘、牧仲，其三人则予忘之矣。献子之与此五人者友也，无献子之家也，此五人者亦有献子之家则不与之友矣。非惟百乘之家为然也，虽小国之君亦有之。费惠公曰：'吾于子思则师之矣，吾于颜般则友之矣，王顺、长息则事我者也。'非惟小国之君为然也，虽大国之君亦有之，晋平公之于亥唐也，入云则入，坐云则坐，食云则食，虽蔬食菜羹未尝不饱，盖不敢不饱也，然终于此而已矣，弗与共天位也，弗与治天职也，弗与食天禄也。士之尊贤者也，非王公之尊贤也。"孟子举孟献子、费惠公、晋平公为例，说明朋友的交往，贵在就友交友，不要有利害的瓜葛，自己不能自恃富贵，朋友也不能因为我们的富贵而来攀附。古人说："君子之交淡如水。"正是因为平淡却真实，才能持续长远，过分亲昵，是来得容易，去得也快。

《孟子·万章下》曰："一乡之善士，斯友一乡之善士；一国之善士，斯友一国之善士；天下之善士，斯友天下之善士。""物以类聚，人以群分。"好人跟好人在一起，喜欢吃喝玩乐的人跟喜欢吃喝玩乐的人在一起。

物以类聚，人以群分

一个正直的人所交往的朋友，也必然是正直的人。《孟子·离娄下》曰："郑人使子濯孺子侵卫，卫使庾公之斯追之。子濯孺子曰：'今日我疾作，不可以执弓，吾死矣夫。'问其仆曰：'追我者谁也。'其仆曰：'庾公之斯也。'曰：'吾生矣。'其仆曰：'庾公之斯，卫之善射者也，夫子曰吾生，何谓也？'曰：'庾公之斯学射于尹公之他，尹公之他学射于我，夫尹公之他端人也，其取友必端矣。'庾公之斯至，曰：'夫子何为不执弓？'曰：'今日我疾作，不可以执弓。'曰：'小人学射于尹公之他，尹公之他学射于夫子，我不忍以夫子之道反害夫子，虽然，今日之事，君事也，我不敢废。'抽矢'叩轮'去其金，发乘矢而后反。""我不忍以夫子之道反害夫子"，这是一句非常感人的话。庾公之斯学射于尹公之他，尹公之他学射于子濯孺子，子濯孺子与庾公之斯两军对阵，子濯孺子疾作而不能执弓，庾公之斯"抽矢叩轮去其金，发乘矢而后反"。于公于私，情义兼顾，十分难得。那是因为子濯孺子是个正直的人，他教的学生尹公之他也是个正直的人，而尹公之他所教的学生庾公之斯也是个正直的人，得善以全。相反，在上述引文中，孟子又曰："逄蒙学射于羿，尽羿之道，思天下惟羿为愈己，于是杀羿。"朱熹注："逄蒙，羿之家众也。羿善射,篡夏自立,后为家众所杀。"则知后羿养凶获患,结交朋友应该要谨慎。

爱人不亲反其仁

《孟子·离娄上》曰:"爱人不亲反其仁,治人不治反其智,礼人不答反其敬。行有不得者皆反求诸己,其身正而天下归之。诗云:永言配命,自求多福。"儒家思想非常重视自省的功夫,《中庸》曰:"射有似乎君子,失诸正鹄,反求诸其身"。此与上述孟子的话是一致的,孟子的话,虽然不只针对交友而言,但是毫无疑问,我们在交友的时候,常会碰到这样的情况。有时,我们的付出,不能得到同等的回馈。这也许是因为彼此不够了解,不了解对方的感觉和需要,而一味地将自己的好恶视为别人的好恶。"反求诸己",就是自省的功夫,有自省的能力,才不会一遇到挫折就怨怒对方。

阅读省思:

1. 朋友之交,贵在真诚,这种说法你同意吗?
2. 你常能反求诸己吗?

孟子论君子之德

在儒家思想中,孔、孟皆强调学为君子的重要性。所谓君子,有时是指在位的国君,而多半的时候,指的是有才学、有品德的人。君子因为有很好的品德修养,足以为一般人的行为表率,而且流风所及,影响深远。所以,孟子说:"君子之德,风;小人之德,草,草上风必偃。"(《孟子·滕文公上》)风行草偃,可见君子之德,对世道人心的重要影响。

君子以仁存心,以礼存心

君子之所以为君子,主要是因为他的存心。《孟子·离娄下》曰:"君子所以异于人者,以其存心也。君子以仁存心,以礼存心。"又:"人之所以异于禽兽者几希?庶民去之,君子存之。"孟子一方面强调"人之所以异于禽兽者几希",另一方面又强调"君子所以异于人者,以其存心也"。人为万物之一,人与禽兽皆有物性,所谓"食色,性也""饮食男女,人之大欲存焉"。这是人与禽兽相同的地方。可是，人不只是万物之一，人还贵为万物之灵，所以，人性不只食色而已，人之大欲不只饮食男女而已。然而，一般人的存心，常被情牵，常受物累，因外在环境的污染，而失去清明。有德的君子之所以异于一般的人，是因为有自省的功夫，懂得如何修养自己，存天理，去人欲，克己复礼，"以仁存心，以礼存心"。

西哲曾云："一个不能反省的人，不足以谈人生。"孟子说："有人于此，其待我以横逆，则君子必自反也，我必不仁也，必无礼也，此物奚宜至哉？其自反而仁矣，自反而有礼矣，其横逆由是也。君子曰：'此亦妄人也已矣，如此则与禽兽奚择哉？于禽兽又何难焉？'是故君子有终身之忧，无一朝之患也。"（《孟子·离娄下》）又《公孙丑上》曰："仁者如射，射者正己而后发，发而不中，不怨胜己者，反求诸己而已矣。"正人必先正己，未有"枉己而正人者""其身正而天下归之"。君子能够常常自省，德行才学才能不断精进，"过则改之"，所谓"古之君子，其过也如日月之食，民皆见之；及其更也，民皆仰之"。同时，君子"不怨天，不尤人"。君子的立身处世，都是"行法以俟命而已矣""反经而已矣"，凡事皆依常轨、常法，尽其人事，而顺应天命。

君子有为有守

君子是有为有守的,"居天下之广居,立天下之正位,行天下之大道,得志与民由之,不得志独行其道。富贵不能淫,贫贱不能移,威武不能屈,此之谓大丈夫"(《孟子·滕文公下》)。君子不可以货取,所以,宋国馈金七十镒而受,因为孟子有远行,"行者必以赆";薛国馈金五十镒而受,因为孟子有戒心,"为兵馈之";于齐国馈兼金一百而不受,"于齐则未有处也,无处而馈之,是货之也"。孟子又说:"昔齐景公田,招虞人以旌,不至,将杀之。志士不忘在沟壑,勇士不忘丧其元。孔子奚取焉,取非其招不往也。"(《孟子·滕文公下》)因此,魏人周霄问孟子:"古之君子仕乎?"孟子回答说:"古之人未尝不欲仕也,又恶不由其道;不由其道而往者,与钻穴隙之类也。"另外,陈子问:"古之君子何如则仕?"孟子曰:"所就三,所去三。迎之致敬以有礼,言将行其言也,则就之;礼貌未衰,言弗行也,则去之。其次,虽未行其言也,迎之致敬以有礼,则就之;礼貌衰,则去之。其下,朝不食,夕不食,饥饿不能出门户,君闻之曰:'吾大者不能行其道,又不能从其言也,使饥饿于我土地,吾耻之。'周之,亦可受也,免死而已矣。"(《孟子·告子下》)由此可见孟子论君子有为有守的精神。

君子有三乐

孟子论君子之德,有君子三乐及君子五教之说。何谓君子三乐?《孟子·尽心上》中孟子曰:"君子有三乐,而王天下不与存焉。父母俱存,兄弟无故,一乐也。仰不愧于天,俯不怍于人,二乐也;得天下英才而教育之,三乐也。君子有三乐,而王天下不与存焉。"君子的快乐,不是因为称王于天下,不是因为享有金钱、地位,而是因为家庭的幸福,个人的心安理得,以及教育天下英才。这是孟子的自况,是他周游列国之后,与弟子们序诗书,述仲尼之意,作《孟子》一书时的心境。孟子游事齐宣王,宣王不能用;适梁,梁惠王不果所言。而孟子则以平治天下,以"当今之世,舍我其谁"的怀抱,当仁不让,发扬仁爱精神。

君子有五教

至于君子的五教,《孟子·尽心上》中孟子曰:"君子之所以教者五,有如时雨化之者,有成德者,有达财者,有答问者,有私淑艾者。此五者,君子之所以教也。"教育的原理,既是有教无类,又要因材施教,各因其所长而教之,而最为重要的则是"君子深造之以道,欲其自得之也;自得之,则居之安;居之安,则资之深;资之深,则取之左右逢其原。故君子欲其自得之也"(《孟子·离娄下》)。教育的意义,是教育学生如何教育自己,启发引导而非填鸭灌注。自得的意思,是自求而得,自求而得才是真正地获得最确切的学问和对生命的理解,才能"居之安""资之深""左右逢其原",而不是一知半解而已。

人生最重要的是求得一颗安定的心,因为心安理得,所以怡然自得。君子之德,一则贵在修己,一则贵在治人、治天下,不只温润其身,还要恩泽百姓。

阅读省思:

1. 何谓君子之德?
2. 君子的三乐是什么?

孟子的人文思想

人文相对于科技

人文相对于科技。科技可以改善生活，而人文贵在提升生命。饱食暖衣是人类生活的基本需求，不过，人类的生活，不止于饱食暖衣而已。人是有思想的动物，人在吃饱喝足之余，总会想到人从哪里来，人到哪里去，生命的意义和价值是什么等严肃的命题。古今中外所有伟大的哲人、文士、宗教家、教育家，也都努力探索生命的真谛，试图为各种难解、无解的生命课题，寻觅突破的蹊径。两千五百多年前的孟子，既是政治家，也是教育家，他的言论也多富于哲理。孟子思想的中心，是以人文为本，不管是对时君谈治国之道，还是与一般人论立身处世，都强调人文的关怀。

首先，孟子提出性善说，肯定人性的尊严，认为人生而平等，人性本善。"恻隐之心，人皆有之。羞恶之心，人皆有之。恭敬之心，人皆有之。是非之心，人皆有之。"《孟子·告子上》曰："仁、义、礼、智，非由外铄我也，我固有之也，弗思耳矣！

故曰:'求则得之,舍则失之。'或相倍蓰而无算者,不能尽其才者也。"虽然人性本善,但是因为后天的习染不同,近朱则赤,近墨则黑,人类行为的表现,就会相去甚远。"富岁,子弟多赖;凶岁,子弟多暴,非天之降才尔殊也,其所以陷溺其心者然也。"(《孟子·告子上》)风调雨顺的岁月,年轻人大多比较好吃懒做,不求上进;干旱水涝,民不聊生的日子,多土匪强盗,这本不是人的本性有不同,而是环境使然。

性善说肯定人性尊严

孟子举例比喻,"今夫麰麦,播种而耰之,其地同,树之时又同,浡然而生,至于日至之时,皆熟矣!虽有不同,则地有肥硗,雨露之养,人事之不齐也"。种植稻麦、花草、蔬果,同样的土地,同样的气候,可是由于播种、插秧、除草、施肥、灌溉等人事努力的不同,便会有收获的丰硕、贫瘠之别。先天的条件相去不远,后天的环境与作为,常是成败得失的关键。所以,孟子又说:"牛山之木尝美矣,以其郊于大国也,斧斤伐之,可以为美乎?是其日夜之所息,雨露之所润,非无萌蘖之生焉,牛羊又从而牧之,是以若彼濯濯也。人见其濯濯也,以为未尝有材焉，此岂山之性也哉？"（《孟子·告子上》）牛山，在齐国的东南。牛山上的茂林，因为靠近城郊，所以被樵夫砍光。长出来的幼苗，也被牧牛吃完了，于是成了一片光秃秃的山。并不是牛山没有长过茂林，而是被砍光、吃光。就像有些人的行为不良，并不是本性恶劣，而是结交损友、恶友，误入歧途。

理义是人心所同

孟子曰："口之于味也，有同耆焉；耳之于声也，有同听焉；目之于色也，有同美焉。至于心，独无所同然乎？心之所同然者何也？谓理也，义也。圣人先得我心之所同然耳。"（《孟子·告子上》）人对美味、美色、美好的音乐，追求的标准都差不多，人的道德规范、行为依据，也应该有共同的认同。孟子认为仁心所共同的认同，是理、义二字。

人虽贵为万物之灵，人也只是万物之一，人与禽兽的差异并不多。《孟子·离娄下》中孟子曰："人之所以异于禽兽者几希。"人与禽兽的最大差异，只在于人是理性的动物，人有思想，能判断是非、分别善恶，懂得自我约制，而不只是任性、恣意地表现。不过，虽然人人都有善性，却不是人人都能成为善人，只有君子才能存养善性，扩充善端，"圣人先得我心之所同然耳"。君子之所以为君子，圣人之所以为圣人，主要是因为能够以仁存心，以礼义存心，心存善念，而且"行有不得者，皆反求诸己"（《孟子·离娄上》）。俗话说："一个不能反省的人，不足以谈人生。"反省是进步的动力，孟子引《诗经·大雅·既醉》云："既醉以酒，既饱以德。"孟子曰："言饱乎仁义也，所以不愿人之膏粱之味也；令闻广誉施于身，所以不愿人之文绣也。"（《孟子·告子上》）孟子又曰："有天爵者，有人爵者。仁义忠信，乐善不倦，此天爵也；公卿大夫，此人爵也。古之人修其天爵，而人爵从之。今之人修其天爵，以要人爵，既得人爵，而弃其天爵，则惑之甚者也，终亦必亡而已矣。"所谓天爵，指天生的德义，所谓人爵，是指后天的爵名，"人之所贵者，非良贵也。赵孟之所贵，赵孟能贱之"。

孟子主张凡事尽其在我，尽人事而后听天命。《孟子》七篇，第七篇以"尽心"为篇名，是颇见用心的。开宗明义第一章曰："尽其心者，知其性也，知其性则知天矣。存其心，养其性，所以事天也，殀寿不贰，修身以俟之，所以立命也。"事天之道，在于"存其心，养其性"，存其理、义之心，养其本然善性。

万物皆备于我

孟子曰:"万物皆备于我。"每一个人都是一个小宇宙,每一个生命都有很多圆满,也有不少的缺憾。人生本来就是不完美、不完善的,尺有所短,寸有所长,"物之不齐,物之情也。或相倍蓰,或相什佰,或相千万"。不是每个人都一样聪明、一样漂亮、一样有学问、一样有钱、一样好脾气,我们也未必样样赢过别人。人生最重要的是要认识而且接受这个其实并不完美的自己,用自己的因缘生活。适合自己的生活,就是最好的生活。面对人生各种的苦难和挑战,我们应该坦然面对,勇敢承担。老天给我们的失败与挫折,正是淬砺我们能力的机缘。"古之人得志,泽加于民,不得志,修身见于世。穷则独善其身,达则兼善天下。"不管得志还是不得志,都要勇敢、积极,无怨无悔,挥洒生命的光彩。

阅读省思:

1. 你是如何面对人生困境的?
2. 你对人生抱持什么态度?

孟子的自然思想

《孟子》一书的内容,虽然是以政治、经济、教育、文化为核心,但孟子写作的素材,却大量涵盖动植万物、山川景色、自然气象、田猎捕鱼、建筑生态、天命秩序。孟子也常以自然环境为譬喻,诠释其人文教育的理念。

孟子博学多闻

在《孟子》书中,举凡天上飞的、水中游的、地面跑的,如鸿雁、鱼鳖、麋鹿等,往往成为孟子信手拈来的题材。孟子的博学多闻、见识丰富,真是令人敬佩。《孟子·梁惠王上》曰:"孟子见梁惠王,王立于沼上,顾鸿雁麋鹿,曰:'贤者亦乐此乎?'……诗云:'王在灵囿,麋鹿攸伏,麋鹿濯濯,白鸟鹤鹤。王在灵沼,于牣鱼跃。'"梁惠王好园囿,孟子勉文王以民力为台为沼,与民偕乐。孟子鼓吹王政,重视人民的安居乐业。"不违农时,谷不可胜食也;数罟不入洿池,鱼鳖不可胜食也;斧斤以时入山林,材木不可胜用也。谷与鱼鳖不可胜食，材木不可胜用，是使民养生丧死无憾也。养生丧死无憾，王道之始也。"动植万物，是人民赖以养生的凭借，而农作物的生长，春耕、夏耘、秋收、冬藏，有一定的时节；捕捉鱼鳖，不可用细密的网，才有小鱼成长的空间；山林不可滥采，材木才能足用。人与天地和平共存，遵循自然的法则，才能生生不息，绵延传世。

孟子的政治思想，主张行仁政，以民为本。《孟子·梁惠王上》曰："五亩之宅，树之以桑，五十者可以衣帛矣。鸡豚狗彘之畜，无失其时，七十者可以食肉矣。百亩之田，勿夺其时，数口之家可以无饥矣。谨庠序之教，申之以孝悌之义，颁白者不负戴于道路矣。七十者衣帛食肉，黎民不饥不寒，然而不王者，未之有也。"凡物皆有定时，"鸡豚狗彘之畜，无失其时""百亩之田，勿夺其时"。遵守自然的秩序，才是和谐生存之道。

孟子善于取譬

孟子善于取譬，山川景色、动植生物，都是他笔下常见的譬喻对象。《孟子·梁惠王上》曰："王知夫苗乎？七八月之间旱，则苗槁矣。天油然作云，沛然下雨，则苗浡然兴之矣。其如是，孰能御之？今夫天下之人牧，未有不嗜杀人者也，如有不嗜杀人者，则天下之民皆引领而望之矣。"以久旱的甘霖，譬喻仁者受人民的爱戴。又："臣闻之胡龁曰，王坐于堂上，有牵牛而过堂下者，王见之，曰：'牛何之？'对曰：'将以衅钟。'王曰：'舍之，吾不忍其觳觫，若无罪而就死地。'对曰：'然则废衅钟与？'曰：'何可废也，以羊易之。'"孟子借齐宣王以羊易牛之事，勉励其不只恩及于禽兽，还要恩及于百姓。又曰："有复于王者曰：吾力足以举百钧，而不足以举一羽，明足以察秋毫之末，而不见舆薪。"比喻不用力、不用明，是不为，不是不能，而何谓不为？何谓不能？孟子又取譬说："挟太山以超北海，语人曰我不能，是诚不能也；为长者折枝，语人曰我不能，是不为也，非不能也。"

另外，"缘木求鱼""揠苗助长"，也是有名的比喻，均以鱼、苗等自然动植物为喻。《孟子·梁惠王上》曰："然则王之所大欲可知已。欲辟土地，朝秦楚，莅中国而抚四夷也，以若所为，求若所欲，犹缘木而求鱼也。"鱼在水中，要到树上求鱼，是不可能的。孟子借此比喻，提醒齐宣王不要想用武力取得天下，而应该施行仁政，让天下人民自然顺服归附。

七年之病,求三年之艾

《孟子·离娄上》曰:"今之欲王者,犹七年之病,求三年之艾也。苟为不畜,终身不得。""嫂溺不援,是豺狼也。""视天下悦而归己,犹草芥也,惟舜为然。""民之归仁也,犹水之就下,兽之走圹也。故为渊殴鱼,獭也;为丛殴爵者,鹯也;为汤武殴民者,桀与纣也。"这些都是以植物、动物等自然万物为譬。

自然景象,如日月之食、阴雨、湍水,孟子也常以此取材论述、说理。《孟子·公孙丑下》曰:"古之君子,其过也,如日月之食,民皆见之,及其更也,民皆仰之。"《孟子·公孙丑上》曰:"诗云:'迨天之未阴雨,彻彼桑土,绸缪牖户,今此下民,或敢侮予?'"《孟子·滕文公上》曰:"诗云:'雨我公田,遂及我私。'"《孟子·告子上》曰:"告子曰:'性犹湍水也,决诸东方则东流,决诸西方则西流。人性之无分于善不善也,犹水之无分于东西也。'孟子曰:'水信无分于东西,无分于上下乎?'"

沧浪之水清兮

《孟子》书中,多次引孔子论水的作用,而孟子对此也加以申述。《孟子·离娄上》曰:"有孺子歌曰:'沧浪之水清兮,可以濯我缨；沧浪之水浊兮，可以濯我足。'孔子曰：'小子听之！清斯濯缨，浊斯濯足矣！自取之也。'"孟子据此发挥："夫人必自侮，然后人侮之；家必自毁，而后人毁之；国必自伐，而后人伐之。"又《孟子·离娄下》中徐子曰："仲尼亟称于水，曰：'水哉，水哉！'何取于水也？"孟子曰："源泉混混，不舍昼夜。盈科而后进，放乎四海，有本者如是，是之取尔。苟为无本，七八月之间雨集，沟浍皆盈，其涸也，可立而待也。故声闻过情，君子耻之。"孟子以水流不断，盈科后进，为有本之喻，而提醒世人不可声闻过情。

孟子的自然思想，除了以动植万物、山川景色、自然生态为写作素材外，最为重要的是其对自然的尊重。

阅读省思：

1. 你常接触自然环境吗？
2. 你对自然界的发展规律有什么样的理解？

孟子的仁政思想

孟子道性善，言必称尧舜

孟子的政治思想，从"孟子道性善，言必称尧舜"(《孟子·滕文公上》)一语，足以表现他的中心理念。孟子主张每一个人一方面要存养善性，一方面要扩充善端，人君要发挥善心行仁政。

孟子的政治思想，简单地说，就是"以不忍人之心，行不忍人之政""先王有不忍人之心，斯有不忍人之政"。孟子的政治理想，是希望人君能行仁政，而不要行暴政。

王何必曰利

孟子曰："未有仁而遗其亲者也，未有义而后其君者也。"又曰："君行仁政，斯民亲其上，死其长。"(《孟子·梁惠王下》)孟子认为"王者之不作，未有疏于此时者也，民之憔悴于虐政，未有甚于此时者也……当今之时，万乘之国行仁政，民之悦之，犹解倒悬也。"(《孟子·公孙丑上》)孟子所处的时代，世衰道微，异端并起，诸侯各国竞相追求富国强兵之道。孟子见梁惠王，梁惠王曰："叟，不远千里而来，亦将有以利吾国乎？"孟子回答说："王何必曰利，亦有仁义而已矣！"

孟子用心良苦

孟子为了鼓励人君行仁政，可以说是苦口婆心，用心良苦。譬如《孟子·梁惠王上》曰："孟子见梁惠王，王立于沼上，顾鸿雁麋鹿，曰：'贤者亦乐此乎？'孟子对曰：'贤者而后乐此，不贤者虽有此，不乐也。'"因为"古之人与民偕乐，故能乐也"。又如齐宣王好乐、好田猎、好园囿、好勇、好货、好色，孟子都予以肯定，并鼓励说："与民同之，于王何有？"因为"乐民之乐者，民亦乐其乐，忧民之忧者，民亦忧其忧。乐以天下，忧以天下，然而不王者，未之有也"。

以仁心行仁政

齐宣王不忍见牛之觳觫，若无罪而就死地。孟子认为有此仁心，就可保民而王，而齐宣王之所以"恩足以及禽兽，而功不至于百姓者"，是因为齐宣王的治国，"欲辟土地，朝秦楚，莅中国而抚四夷",而没有从根本上"制民之产",使人民"仰足以事父母,俯足以畜妻子,乐岁终身饱,凶年免于死亡"。孟子认为,王道之始,首重民生。"不违农时,谷不可胜食也;数罟不入洿池,鱼鳖不可胜食也;斧斤以时入山林,材木不可胜用也。谷与鱼鳖不可胜食,材木不可胜用,是使民养生丧死无憾也。养生丧死无憾,王道之始也。"

孟子曰:"今夫天下之人牧,未有不嗜杀人者也,如有不嗜杀人者,则天下之民皆引领而望之矣。"又曰:"王如施仁政于民,省刑罚,薄税敛,深耕易耨。壮者以暇日修其孝悌忠信,入以事其父兄,出以事其长上,可使制梃以挞秦楚之坚甲利兵矣。"又曰:"民归之,由水之就下,沛然谁能御之。"

孟子的政治思想,除了主张行仁政之外,所谓"言必称尧舜",意指法先王。《孟子·离娄上》曰:"离娄之明、公输子之巧,不以规矩,不能成方员;师旷之聪,不以六律,不能正五音;尧舜之道,不以仁政,不能平治天下。今有仁心仁闻而民不被其泽,不可法于后世者,不行先王之道也。"又曰:"规矩,方员之至也;圣人,人伦之至也。欲为君尽君道,欲为臣尽臣道,二者皆法尧舜而已矣。不以舜之所以事尧事君,不敬其君者也;

不以尧之所以治民治民,贼其民者也。"

孟子认为国之兴废存亡,端看是否能如尧舜一样施行仁政。尧舜如何施行仁政呢?《孟子·滕文公上》曰:"当尧之时,天下犹未平,洪水横流,泛滥于天下……尧独忧之,举舜而敷治之。舜使益掌火……禹疏九河、瀹济漯而注诸海……后稷教民稼穑,树艺五谷……使契教以人伦……放勋曰:教之来之,匡之直之,辅之翼之,使自得之,又从而振德之。"尧舜的成功,贵在"忧民之忧,乐民之乐"(《孟子·梁惠王下》),而且"视天下悦而归己,犹草芥也"。同时,能够重用贤臣,"尊贤使能,俊杰在位,则天下之士皆悦而愿立于其朝矣"。

孟子曰:"以力假仁者霸,霸必有大国,以德行仁者王,王不待大。"国力的大小,不在于土地的大小、人口的多少,以及武器的强弱,而在于人心的向背和施政者的用心。

阅读省思:

1. 孟子仁政思想的基础是什么?
2. 孟子认为如何才能施行仁政?

孟子的民主思想

所谓民主思想,简单地说,就是以民为主的思想。孟子所处的时代,虽然早在两千多年前,但是孟子已经有很开明、很前卫的民主思想,这在当时的社会是非常难得的。

以民心为依归

在封建社会中,君尊臣卑,人民的生命被视为土芥,而孟子则主张君王对臣子的尊重,以及以民心为依归的政治理想。孟子强调"父子主恩,君臣主敬"(《孟子·公孙丑下》)。所谓敬,就是尊重的意思。孟子曰:"故将大有为之君,必有所不召之臣,欲有谋焉,则就之。其尊德乐道,不如是不足与有为也。故汤之于伊尹,学焉而后臣之,故不劳而王;桓公之于管仲,学焉而后臣之,故不劳而霸。"商汤之所以能称王于天下,齐桓公之所以能称霸于天下,除了本身的雄才大略,更为重要的是能够礼贤下士,包容异己。

《孟子·梁惠王下》中孟子见齐宣王曰："为巨室，则必使工师求大木，工师得大木则王喜，以为能胜其任也，匠人斲而小之则王怒，以为不胜其任矣。夫人幼而学之，壮而欲行之，王曰：'姑舍女所学而从我'，则何如？今有璞玉于此，虽万镒，必使玉人雕琢之，至于治国家，则曰：'姑舍女所学而从我'，则何以异于教玉人雕琢玉哉？"用人唯才，是人君治国非常重要的事，璞玉必待玉人雕琢，治理国家，当然也要因人任事，尊重专才，而不能只凭人君的好恶。所以，"所谓故国者，非谓有乔木之谓也，有世臣之谓也"。所谓世臣，是指累世勋旧之臣，与国家同休戚者也。

举用贤才

国君用人，取舍之间，不能只听左右近臣之言，要以国人的意见为主。孟子曾曰："国君进贤，如不得已，将使卑逾尊，疏逾戚，可不慎与？左右皆曰贤，未可也，诸大夫皆曰贤，未可也；国人皆曰贤，然后察之；见贤焉，然后用之；左右皆曰不可，勿听，诸大夫皆曰不可，勿听，国人皆曰不可，然后察之，见不可焉，然后去之；左右皆曰可杀，勿听，诸大夫皆曰可杀，勿听，国人皆曰可杀，然后察之，见可杀焉，然后杀之，故曰国人杀之也。如此，然后可以为民父母。"（《孟子·梁惠王下》）另外，《孟子·万章上》中孟子引《尚书·泰誓》曰："天视自我民视，天听自我民听"。所谓天意，就是民意，在上古时代，对上天存着敬畏的心，即使是君王诸侯，贵有天下，也无不敬天、礼天，即所谓"畏天之威，于时保之"（《孟子·梁惠王下》）。而天意是呈现在民意之中的，"天与之，民与之"（《孟子·万章上》）。像这种以民意为天意、重视民意的思想，在上古时代的君权社会里，是非常难能可贵的。

民贵君轻

孟子的民主思想，最为可贵的，见于《孟子·尽心下》曰："民为贵，社稷次之，君为轻"。把人民的地位置于国家、君王之上，强调以民为主的观念，所以君王治国，以赢得民心为第一要务。《孟子·尽心上》曰："古之人得志，泽加于民，不得志，修身见于世，穷则独善其身，达则兼善天下。"仁君在位，是要使人民"养生丧死无憾"（《孟子·梁惠王上》），"为民父母行政，不免于率兽而食人，恶在其为民父母也"。所以，"域民不以封疆之界，固国不以山溪之险，威天下不以兵革之利"（《孟子·公孙丑下》）。孟子提出"天时不如地利，地利不如人和""三里之城，七里之郭，环而攻之而不胜，夫环而攻之，必有得天时者矣，然而不胜者，是天时不如地利也；城非不高也，池非不深也，兵革非不坚利也，米粟非不多也，委而去之，是地利也不如人和也"。

为政之道仁与不仁而已

孟子曰："三代之得天下也以仁，其失天下也以不仁。国之所以废兴存亡者亦然。天子不仁，不保四海，诸侯不仁，不保社稷。"（《孟子·离娄上》）又曰："暴其民甚，以身试国亡，不甚，则身危国削。"齐宣王曾问孟子曰："汤放桀，武王伐纣，有诸？"孟子对曰："于传有之。"曰："臣弑其君可乎？"曰："贼仁者谓之贼，贼义者谓之残，残贼之人谓之一夫，闻诛一夫纣矣，未闻弑君也。"（《孟子·梁惠王下》）孟子反对战争，"善战者服上刑，连诸侯者次之"（《孟子·离娄上》）。尤其对暴虐的国君，"争地以战，杀人盈野；争城以战，杀人盈城"，罔顾人民的生命，不行仁义之政，则视为一夫，虽贵为天子，人人得而诛之，孟子并不因为这些人权倾天下而有所顾忌。

齐宣王问孟子曰："礼，为旧君有服，何如斯可为服矣？"孟子曰："谏行言听，膏泽下于民，有故而去，则君使人导之出疆，又先于其所往，去三年不反，然后收其田里，此之谓三有礼焉，如此，则为之服矣。今也为臣，谏则不行，言则不听，膏泽不下于民，有故而去，则君搏执之，又极之于其所往，去之日，遂收其田里，此之谓寇雠，寇雠，何服之有？"（《孟子·离娄下》）古代的君臣关系，君尊臣卑，有为旧君服丧之礼，可是孟子面对君臣之义，是"君之视臣如手足，则臣视君如腹心；君之视臣如犬马，则臣视君如国人；君之视臣如土芥，则臣视君如寇雠"。

孟子的政治理想是开明的、民主的，强调人君在位，要尊重民意，与民同乐。

阅读省思：

1. 孟子"民贵君轻"的思想价值如何？
2. 孟子政治思想的特色是什么？

孟子论君臣

故国者,有世臣之谓也

　　孟子论君臣的关系,强调义字。人君治国,最重要的是能够任贤使能。《孟子·梁惠王下》曰:"所谓故国者,非谓有乔木之谓也,有世臣之谓也。"一个历史悠久的国家,不是看有无高大的树,而是看有无世代相承的臣子。《孟子·离娄下》曰:"孟子告齐宣王曰:'君之视臣如手足,则臣视君如腹心;君之视臣如犬马,则臣视君如国人;君之视臣如土芥,则臣视君如寇雠。'"人与人之间的感情是相互的,君上爱护臣下,臣下必然忠心于君上;君上苛待臣下,臣下必然悖逆君上。所以,齐宣王问:"礼,为旧君有服。何如斯可为服矣?"孟子回答说:"谏行,言听,膏泽下于民;有故而去,则君使人导之出疆,又先于其所往;去三年不反,然后收其田里。此之谓三有礼焉。如此,则为之服矣。今也为臣,谏则不行,言则不听,膏泽不下于民;有故而去,则君搏执之,又极之于其所往;去之日,遂收其田里。此之谓寇雠。寇雠，何服之有？"（同上）国君能够体恤、礼遇臣子，臣子就会感念恩情，为其服丧；国君言不听、计不从，刻薄寡恩，臣子就不会念情服丧了。

贵德而尊士

人君治国，应该"贵德而尊士，贤者在位，能者在职"。"尊贤使能，俊杰在位，则天下之士，皆悦而愿立于其朝矣。"人君应该如何贵德任贤呢？《公孙丑下》曰："天下有达尊三：爵一、齿一、德一。朝廷莫如爵，乡党莫如齿，辅世长民莫如德。恶得有其一，以慢其二哉？故将大有为之君，必有所不召之臣，欲有谋焉则就之；其尊德乐道，不如是，不足以有为也。"此谓将大有为的国君，一定要有不敢随意召唤的臣子，如果有事需要商量，人君就自己前往受教。

《滕文公上》曰："孟子曰：'贤君必恭俭礼下。'"所谓恭俭，并不是表现在音容笑貌而已，而是要以实际的行动，不欺侮人，不夺取人。所谓"恭者不侮人，俭者不夺人。侮夺人之君，惟恐不顺焉，恶得为恭俭？恭俭，岂可以声音笑貌为哉"。

至于任贤之道，孟子告诉齐宣王曰："为巨室，则必使工师求大木。工师得大木，则王喜，以为能胜其任也。匠人斫而小之，则王怒，以为不胜其任也。"国君治理国家，当然要任用贤人。又曰："国君进贤，如不得已，将使卑逾尊、疏逾戚，可不慎与？左右皆曰贤，未可也。诸大夫皆曰贤，未可也。国人皆曰贤，然后察之，见贤焉，然后用之。左右皆曰不可，勿听，诸大夫皆曰不可，勿听。国人皆曰不可，然后察之，见不可焉，然后去之。左右皆曰可杀，勿听。诸大夫皆曰可杀，勿听，国人皆曰可杀，然后察之，见可杀焉，然后杀之。故曰国人杀之也。如此，然后可以为民父母。"此言人君进贤退恶，都要极为慎重，不可私心自用。

不长君恶，不逢君恶

人臣事君之意，从积极方面来说，就是要劝勉人君施行仁政；从消极意义来说，则是不长君恶，不逢君恶。孟子曰："君子之事君也，务引其君以当道，志于仁而已。"《告子下》又曰："人不足与适也，政不足闲也，惟大人为能格君心之非。君仁莫不仁，君义莫不义，君正莫不正，一正君而国定矣。"《离娄上》国君能行仁义，则"未有仁而其亲者也，未有义而后其君者也"。

得道多助

得道多助，失道寡助，人君能行仁政，即能无敌于天下。所以，人臣事君之义，首在劝君为善，行仁义之政。孟子游事诸侯，提倡仁义之道，可惜当时的国君都志在富国强兵，孟子也非常清楚当时的政治环境。《告子下》曰："今之事君者，皆曰：'我能为君辟土地，充府库。'今之所谓良臣，古之所谓民贼也。君不乡道，不志于仁，而求富之，是富桀也。'我能为君约与国，战必克。'今之所谓良臣，古之所谓民贼也。君不乡道，不志于仁，而求为之强战，是辅桀也。由今之道，无变今之俗，虽与之天下，不能一朝居也。"又曰："求也，为季氏宰，无能改于其德，而赋粟倍他日。孔子曰：'求，非我徒也，小子鸣鼓而攻之可也。'由此观之，君不行仁政而富之，皆弃于孔子者也；况于为之强战，争地以战，杀人盈野；争城以战，杀人盈城；此所谓率土地而食人肉，罪不容于死。故善战者服上刑，连诸侯者次之，辟草莱、任土地者次之。"（《离娄上》）长君之恶，逢君之恶，皆见弃于人民，见弃于圣贤。

孟子曰："枉己者，未有能直人者也。"人臣能正己而后能正人君。人臣事君之义，若为贵戚之卿，"君有大过则谏，反复之而不听，则易位"。若为异姓之卿，"君有过则谏，反复之而不听，则去"（《万章下》）。名位并不是人生唯一值得追求的目标。

阅读省思：

1. 孟子认为国君应该如何对待人臣。
2. 孟子认为人臣应该如何对待国君。

孟子论领导统御

领导统御是管理学的重要课题

领导统御是管理学的重要课题。古代社会非常单纯，一般人民过着简单而朴实的生活，没有很复杂的人际关系，所谓"领导统御学"，只限于君臣的关系。而在今天的民主社会里，君臣的关系，并不是领导统御学的唯一范畴，而是泛指广义的长官、部属关系。孟子的领导统御学理论，必然不如现代东、西方管理学者立论周详和细密，但是若干的原理、思想，在今天仍然适用，值得大家参考和学习。

美国学者彼得·克拉克在《管理的实践》一书中说："一家企业没有良好的绩效，应该替换的不是工人，而是总裁。"治理国家犹如管理企业。《孟子·梁惠王下》曰："孟子谓齐宣王曰：'王之臣有托其妻子于其友而之楚游者，比其反也，则冻馁其妻子，则如之何？'王曰：'弃之。'曰：'士师不能治士，则如之何？'王曰：'已之。'曰：'四境之内不治，则如之何？'王顾左右而言他。"孟子借助语言技巧向齐宣王强调，国君必须对治理国家的成败担负完全的责任。

人君治国重在以身作则

人君治国，最重要的是能够以身作则，要有自省的能力。《孟子·离娄上》曰："孟子曰：'人有恒言，皆曰天下国家，天下之本在国，国之本在家，家之本在身。'"《孟子·梁惠王上》曰："未有仁而遗其亲者也，未有义而后其君者也。"又曰："推恩足以保四海，不推恩无以保妻子，古之人所以大过人者，善推其所为而已矣！"《孟子·离娄上》曰："君仁莫不仁，君义莫不义。"又曰："三代之得天下也以仁，其失天下也以不仁，国之所以废兴存亡者亦然。天子不仁，不保四海，诸侯不仁，不保社稷。"可见为政之道，就是要能够以身作则，行仁由义，推恩百姓。

《孟子·梁惠王上》曰："狗彘食人食而不知检，涂有饿莩而不知发；人死，则曰：非我也，岁也。是何异于刺人而杀之，曰：非我也，兵也。王无罪岁，斯天下之民至矣。"我们常把失败的责任，归诸天命、归诸别人，而没有虚心检讨自己。

孟子曰："庖有肥肉，厩有肥马，民有饥色，野有饿莩，此率兽而食人也。兽相食，且人恶之，为民父母，行政不免于率兽而食人，恶在其为民父母也。""爱人不亲反其仁，治人不治反其智，礼人不答反其敬。行有不得者，皆反求诸己，其身正而天下归之。"所以，梁惠王抱怨自己对国人已很用心、尽心，可是梁国的人民没有增加，邻国的人民也没有减少，孟子就以"五十步笑百笑"为喻，告诉梁惠王要从根本上解决老百姓的民生问题着手，让老百姓养生送死无憾，"养生送死无憾，王道之始也"。

乐以天下，忧以天下

贵为人君，要有"乐以天下，忧以天下"的胸襟和抱负，要能与人民同好恶，所谓"乐民之乐者，民亦乐其乐；忧民之忧者，民亦忧其忧"。所以，当梁惠王立于沼上，顾鸿雁麋鹿，对孟子说："贤者亦乐此乎"。孟子回答说："贤者而后乐此，不贤者虽有此不乐……古之人与民偕乐，故能乐也。"齐宣王好乐、好田猎、好货、好色，孟子曰："与民同之，于王何有？"《孟子·离娄上》曰："桀纣之失天下也，失其民也；失其民者，失其心也。得天下有道，得其民，斯得天下矣！得其民有道，得其心，斯得民矣！得其心有道，所欲与之聚之，所恶勿施尔也。"可见为政之道，贵得人心，而人心的向背，端看为政者是不是能够勤政爱民，任用贤臣。

孟子曰："天时不如地利，地利不如人和。三里之城，七里之郭，环而攻之而不胜。夫环而攻之，必有得天时者矣，然而不胜者，是天时不如地利也。城非不高也，池非不深也，兵革非不坚利也，米粟非不多也，委而去之，是地利不如人和也。故曰：域民不以封疆之界，固国不以山溪之险，威天下不以兵革之利。"（《孟子·公孙丑下》）国家的盛衰存亡，最关键的因素还是人。

人才是治国的根本。《孟子·梁惠王下》曰："所谓故国者，非谓有乔木之谓也，有世臣之谓也。"又曰："为巨室，则必使工师求大木……今有璞玉于此，虽万镒，必使玉人雕琢之，至于治国家，则曰：'姑舍女所学而从我'。则何以异于教玉人雕琢玉哉？"用人唯才，尊重专业，"故将大有为之君，必有所不召之臣，欲有谋焉，则就之"（《孟子·公孙丑下》）。贤明的国君要能"贵德而尊士，贤者在位，能者在职"（《孟子·公孙丑上》）。这样才能把国家治理好，使人民安居乐业。

孟子曰："以天下与人易，为天下得人难。"人才是非常难得的，一般的老百姓以自己的生活为忧，而人君治国则是以能否求得人才为忧。所以，有"大人之事"，有"小人之事"，有人劳力，有人劳心，而国君用人，必须博采众言，不可独断，要能常常自我反省。

阅读省思：

1. 你认为该如何培养自己的领导能力。
2. 你有领袖的胸襟和气度吗？

孟子的教育理念

孟子一生最有兴趣的事,当然是希望能够施展他的政治抱负,要"居天下之广居,立天下之正位,行天下之大道。得志与民由之,不得志独行其道"(《孟子·滕文公下》)。所以,孟子也像孔子一样,周游列国,游事齐、梁诸国国君,可惜不能迎合国君的需求,只好退而著书立说,从事教学、研究工作。孟子非常喜欢教育工作,以能得到天下的英才而教育之,为君子的三乐之一。

有教无类

《礼记·学记》曰:"大学之法,禁于未发之谓豫,当其可之谓时,不陵节而施之谓孙,相观而善之谓摩。"我国古代就非常重视教育,讲求教学方法,孔子强调"有教无类""因材施教",孟子继起,也有很多精彩的教育主张。教材只是工具,教学只是手段,教育的真正目的是什么呢?《孟子·尽心上》曰:"王子垫问曰:'士何事?'孟子曰:'尚志。'"一个人读书求学,最重要的是要坚定人生的理想,人生有目标,行为才不会有偏差。孟子认为"富贵不能淫,贫贱不能移,威武不能屈,此之谓大丈夫"(《孟子·滕文公下》)。所谓大丈夫,就是要具有如此的胸襟和气度,这是人生努力的目标,也是每个人应该要有的崇高理想和志向。

孟子谈教育,非常注重原则,一再谈到规矩的重要性。《孟子·离娄上》曰:"离娄之明,公输子之巧,不以规矩,不能成方圆;师旷之聪,不以六律,不能正五音。"又曰:"规矩,方员之至也。"《孟子·告子上》:"羿之教人射,必志于彀;学者亦必志于彀。大匠诲人,必以规矩;学者亦必以规矩。"不过,师傅领进门,修行在个人。《孟子·尽心下》曰:"梓匠轮舆,能与人规矩,不能使人巧。"学习的成败,最重要的是靠自己的努力,一分耕耘,一分收获,天下没有不劳而获的事。我们有时候依赖心太重,把教育的失败,归诸设备不佳、教师不良、客观条件不足,而不是自己不够努力。

《孟子·尽心上》曰:"待文王而后兴者,凡民也,若夫豪杰之士,虽无文王犹兴。"学问是无所待的,只要自己真心、专心学习,天下无难事。《孟子·告子上》曰:"今夫弈之为数,小数也;不专心致志,则不得也。弈秋,通国之善弈者也。使弈秋诲二人弈,其一人专心致志,惟弈秋之为听。一人虽听之,一心以为有鸿鹄将至,思援弓缴而射之,虽与之俱学,弗若之矣。为是其智弗若与,曰非然也。"两个人学下棋,一个很专心学习,一个不专心学习,专心的人学得很好,不专心的人学不好,这与智商高低没有关系,而是用心、不用心的因素。

启发教学

孟子谈教学,主张自发性的学习。《孟子·离娄下》曰:"君子深造之以道,欲其自得之也。自得之,则居之安;居之安,则资之深;资之深,则取之左右逢其原,故君子欲其自得之也。"学习贵在能自己深切体悟,了然于心,而不是一知半解,强不知以为知,所谓"行之而不着焉,习矣而不察焉,终身由之而不知其道者"。求学的事要明明白白,真真切切,不可以人云亦云,所以孟子曾说:"尽信书,不如无书,吾于《武成》,取二三策而已矣。仁人无敌于天下,以至仁伐至不仁,而何其血之流杵也?"做人要在有疑处不疑,读书则要在不疑处有疑,孟子治学,具有怀疑的精神,而不只是一味迷信、崇古而已。

求学不可半途而废

人要为善为恶，为君子为小人，只在一念之间。"公都子问曰：'钧是人也，或为大人，或为小人，何也？'孟子曰：'从其大体为大人，从其小体为小人。'"我们做任何事，都不应该自暴自弃。《孟子·离娄上》："自暴者，不可与有言也；自弃者，不可与有为也。"任何事情，除非我们自己放弃，否则没有人能逼我们放弃；除非我们自己坚持，否则没有人能替我们坚持。因此，孟子强调："有为者，辟若掘井，掘井九仞而不及泉，犹为弃井也。"（《孟子·尽心上》）掘井当然是为了汲取泉水，掘井而不能取得泉水，不管已经掘了多深，仍然是一口废井而已，因此，读书求学不可以半途而废。孟子又说："流水之为物，不盈科不行；君子之志于道也，不成章不达。"就是期勉我们进德修业，都要全心全意，努力以赴。《孟子》一书，以《尽心》为最后一篇，实在颇有用心。

因材施教

孟子谈教育，也是主张因材施教，强调教学要运用很多的方法，不能拘于一格。《孟子·告子下》曰："教亦多术矣，予不屑之教诲也者，是亦教诲之而已矣。"我们一般最常用的是鼓励法，肯定学生的成就，希望学生精益求精，百尺竿头，更进一步。可是对不同个性的人，要用不同的方法，如果鼓励没有用，不妨用激将法，由于对学生的放弃，而激发学生自省的能力，潜发其上进的心理。

教育的方式，是可以从很多层面入手的。《孟子·尽心上》曰："君子之所以教者五，有如时雨化之者，有成德者，有达财者，有答问者，有私淑艾者。"教师对于学生，有如春风化雨，可以成其德业，可以练达才华，有的能亲受教诲，即问即答，有的只能私下仰慕学习。

阅读省思：

1. 孟子的教育方法如何？
2. 孟子是否善用潜能开发？

孟子论天命

孟子肯定天命的存在

孟子是儒家思想的重要代表人物,他对天命的看法,也是非常传统的,但是他并不保守、消极,他的思想是积极而乐观的。首先,孟子肯定命的存在。《孟子》一书,多处提到"命""天命",如《公孙丑上》引《诗经·大雅·文王》曰:"永言配命,自求多福。"《离娄上》引《诗经·大雅·文王》曰:"天命靡常。"《尽心上》曰:"莫非命也。"又曰:"得之有命。"何谓命?《孟子·万章上》曰:"莫之为而为者,天也;莫之致而至者,命也。"所谓命,依孟子的意思,是指非人力所能控制的事,即所谓"天有不测风云,人有旦夕祸福"。人的一生,有很多时候,有很多的事,常常是事与愿违,常常是预想不到的,《孟子·离娄上》曰:"有不虞之誉,有求全之毁"说的就是这个道理。"有心栽花花不开,无心插柳柳成荫"。人生有许多的无解,只好顺其自然。

知命·正命

不过，人生并不是全然无可作为。孟子认为人生最重要的是要知命、立命、俟命而不只是认命。《孟子·尽心上》曰："莫非命也，顺受其正。是故知命者，不立乎岩墙之下。尽其道而死者，正命也。桎梏死者，非正命也。"人生的得失祸福，常受命运的摆布，可是有些灾难可以事先防范，很多的福分是我们可以努力求得的。岩墙、墙之将覆者，危墙将倒塌，而还立于其下，当然会有危险，知道站立在危墙之下的危险，而事先防范逃避，这就是"知命"。有生就有死，这是很正常的现象，寿终正寝，"尽其道而死"，这是"正命"。相反，如果为非作歹，多行不义，"桎梏而死"，这就是"非正命"。《孟子·离娄上》曰："今恶死亡而乐不仁，是犹恶醉而强酒。"一个人不想死于非命，却偏偏生活偏离正轨、荒淫无度、为恶多端、素行不良，真正是"恶醉而强酒"了。

自求多福

《孟子》书中，二次引《诗经·大雅·文王》曰："永言配命，自求多福。"一见于《公孙丑上》，一见于《离娄上》，可见孟子是个积极乐观的人，他一方面承认天命的存在，一方面则强调自求多福的重要。《孟子·离娄上》曰："有孺子歌曰：'沧浪之水清兮，可以濯我缨；沧浪之水浊兮，可以濯我足。'孔子曰：'小子听之，清斯濯缨，浊斯濯足矣，自取之也。'"同样的水，清水可以濯缨，浊水只能濯足。《孟子·尽心上》曰："待文王而后兴者，凡民也。若夫豪杰之士，虽无文王犹兴。"失败的人等待机会，成功的人创造机会，"守株待兔"等寓言故事，都是在讽刺坐等机会而不自求努力的人。拿一副好牌是运气，打一副好牌是能力。我们未必能常常拿到一副好牌，但是我们可以训练自己精湛的牌艺。"长得漂亮很重要，活得漂亮更重要"。我们未必天生丽质俊美，但是我们可以活得潇洒帅气。

自作孽，不可活

《孟子·尽心上》引《尚书·太甲》曰："天作孽，犹可违；自作孽，不可活。"孟子也告诫我们："夫人必自侮，然后人侮之；家必自毁，而后人毁之；国必自伐，而后人伐之。"上古之人都存有敬天、畏天的心理，认为各种不正常的天象、灾变，都是上天对人类的警讯、惩戒。孟子认为世人如果能够事先防备，可以使自然的灾害（天作孽）减到最小。"诗云：'迨天之未阴雨，彻彼桑土，绸缪牖户。今此下民，或敢侮予。'孔子曰：'为此诗者，其知道乎？能治其国家，谁敢侮之？'"（《孟子·公孙丑上》）这就是有备无患的道理。所以孟子说："国家闲暇，及是时般乐怠敖，是自求祸也。祸福无不自己求之者。"孟子是个很有忧患意识的人，人无远虑，必有近忧，孟子说："君子有终生之忧，无一朝之患。"孟子提醒我们，面对人生的苦难，人生的挑战，我们不能向命运低头。孟子更从积极进取的角度强调："人之有德慧术知者，恒存乎疢疾。"（《尽心上》）又曰："天将降大任于斯人也，必先苦其心志，劳其筋骨，饿其体肤，空乏其身，行拂乱其所为，所以动心忍性，曾（同"增"）益其所不能。"（《告子下》）不经一事，不长一智，上天给我们的苦难，正是淬炼我们的意志和能力的机会，我们应当勇于承担、坦然接纳。

《孟子》一书，都在勉人为善，积极奋发，迎接命运的挑战。《孟子》七篇以《尽心》为终，颇见苦心。《尽心上》曰："尽其心者，知其性也。知其性，则知天矣，存其心，养其性，所以事天也。夭寿不贰，修身以俟之，所以立命也。"天命不可知、不可测，天命存在自性之中，所以孟子曰："知其性，则知天矣。"

人生第一要义，就是了解自己，了解自己有什么、没有什么，要什么、不要什么、该做什么、不该做什么。一个人不知道要做什么，他就没有能力去做什么，就像我们不知道火车站在哪里，又如何能到达火车站呢？

人要知命而不认命，《孟子》一书，教的是安身立命之学，面对不可知的天命，孟子主张"修身以俟之"，强调自我的努力，而不只是听天由命而已。凡事只要尽其心，"反身而诚，乐莫大焉"（《尽心上》）。"有人于此，其待我以横逆，则君子必自反也，我必不仁也，必无礼也，此物奚宜至哉？其自反而仁矣，自反而有礼矣，其横逆由是也，君子必自反也，我必不忠，自反而忠矣，其横逆由是也。君子曰：'此亦妄人也已矣。如此则与禽兽奚择哉？于禽兽又何难焉？'"（《离娄下》）

君子求其在己者，不求其在天者。面对天命的得失祸福，孟子一贯的主张就是"尽心"而已。

阅读省思：

1. 你对天命的看法如何？
2. 你能勇敢面对生命的挑战吗？

孟子论尽心

人人有贵于己者

作为一个人,最重要的是明明白白做人,实实在在做事,每一天都能充分了解自己生命存在的意义和价值,知道自己有什么、没有什么,知道自己要什么、不要什么,知道自己该做什么、不该做什么,要能当家做主,做自己生命的主人,而不是浑浑噩噩、糊里糊涂过日子,也不是随波逐流,自己没有主见。每一个人的生命都是尊贵的,《孟子·告子上》曰:"人人有贵于己者,弗思耳矣,人之所贵者,非良贵也,赵孟之所贵,赵孟能贱之。"又曰:"有天爵者,有人爵者。仁义忠信,乐善不倦,此天爵也;公卿大夫,此人爵也。"孟子认为"人有鸡犬放,则知求之;有放心,而不知求。"又曰:"今有无名之指,屈而不信,非疾痛害事也,如有能信之者,则不远秦楚之路,为指之不若人也。指不若人,则知恶之;心不若人,则不知恶,此之谓不知类也。"又曰:"拱把之桐梓,人苟欲生之,皆知所以养之者。至于身，而不知所以养之者，岂爱身不若桐梓哉？弗思甚也。"这都在强调养心、求放心的重要。

从其大体为大人

《孟子·告子上》曰："公都子问曰：'钧是人也，或为大人，或为小人，何也？'孟子曰：'从其大体为大人，从其小体为小人。'曰：'钧是人也，或从其大体，或从其小体，何也？'曰：'耳目之官不思而蔽于物，物交物则引而已矣。心之官则思，思则得之，不思则不得也。此天之所与我者，先立乎其大者，则其小者弗能夺也。此为大人而已矣。'"所谓大人、小人，分别指大德之人、小德之人，前者为人人敬重的君子，后者为人人轻贱的小人。什么样的人能成为君子？什么样的人会成为小人？这就看一个人是养其心志，还是养其口腹。所以，孟子说："体有贵贱，有小大。无以小害大，无以贱害贵。养其小者为小人，养其大者为大人"。

君子以仁存心

《孟子·离娄下》曰："君子所以异于人者，以其存心也。上君子以仁存心，以礼存心。"不过，孟子并不认为只有君子能够以仁存心，以礼存心，而是"人皆有之，贤者能勿丧耳"。牛山之木曾经很茂美，因为近在城郊，经常被砍伐，所以变得童山濯濯，而日夜的所息，以及雨露的滋润，也曾长出嫩芽，却又被牛羊牧食。人心也是如此，每个人都有仁义之性，可是常常被践踏，而没有得到很好的滋养，所以虽然每个人都有善性，却不是人人都能成为善人。

尧舜是古代的圣王，孟子言必称尧舜，"欲为君，尽君道，欲为臣，尽臣道，二者皆法尧舜而已矣"（《离娄上》）。又引颜渊曰："舜何人也，予何人也，有为者亦若是。"（《滕文公上》）人人能言尧舜之言，行尧舜之行，今之尧舜者也。孟子主张性善，而勉励世人要存养善端、扩充善端，国君要把仁心发挥为仁政，否则如梁惠王之尽心，也不过是"五十步笑百步"而已。《孟子·梁惠王上》中梁惠王曰："察邻国之政，无如寡人之用心者，邻国之民不加少，寡人之民不加多，何也？"孟子对曰："王好战，请以战喻，填然鼓之，兵刃既接，弃甲曳兵而走，或百步而后止，或五十步后止，以五十步笑百步，则何如？"曰："不可，直不百步耳，是亦走也。"曰："王如知此则无望民之多于邻国也。"什么是"五十步笑百步"呢?打败仗的士兵,逃跑的时候,有的脚程快,跑了一百步,有的脚程慢,才跑了五十步,跑五十步的人嘲笑跑一百步的人贪生怕死。其实,跑五十步的人,只是脚程慢,也一样是贪生怕死。

尽其心者,知其性也

怎么样才是尽心?《孟子·尽心上》曰:"孟子曰:'尽其心者,知其性也,知其性则知天矣。存其心,养其性,所以事天也。夭寿不贰,修身以俟之,所以立命也。'"所谓心、所谓性、所谓天,朱熹《四书集注》引程子曰:"心也、性也、天也,一理也。自理而言谓之天,自禀受而言谓之性,自存诸人而言谓之心。"朱熹也说:"心者,人之神明,所以具众理而应万事者也,性则心之所具之理,而天又理之所从以出者也。"孟子强调"存其心,养其性,所以事天也",即尽心的正解。《孟子·告子上》曰:"今夫弈之为数,小数也,不专心致志,则不得也。弈秋,通国之善弈者也,使弈秋诲二人弈,其一人专心致志,惟弈秋之为听,一人虽听之,一心以为有鸿鹄将至思援弓缴而射之,虽与之俱学,弗若之矣,为是其智弗若与?曰:非然也。"

孟子所谓的尽心，是指对事的专心致志。古人曰："擒山中贼易，擒心中贼难。"又俗谚曰："心如平原纵马，易放难收。"所以孟子一再强调存养的重要。

阅读省思：

1. 你做事能够尽心尽力吗？
2. 你做事常会分心吗？

孟子的忧患意识

君子有终身之忧

读孟子的文章,往往可以使"顽夫廉,懦夫有立志"(《孟子·万章下》)。因为孟子的文章,富有强烈的忧患意识,读了之后,不知不觉中产生一股提振的力量,有如暮鼓晨钟,振聋发聩,令人奋发向上,朝自己的理想目标而努力。如《孟子·离娄下》曰:"君子有终身之忧,无一朝之患也。""人无远虑,必有近忧。"不过,君子所忧者,不是消极地担心灾患的来临,而是是否有积极防患于未然的心理准备。忧患意识是一种思想上的体认,在遭遇困难时,固然能够借以自我惕厉,自我鞭策,刻苦上进,突破难关,即使在平时,也要能戒惕谨慎,防患于未然。所以,忧患意识是一种高瞻远瞩的识见,忧患意识并不是强调"忧""患",而是强调"戒""慎",不是一时的、短暂的惶恐情绪,而是持久的、不变的戒惕心理,也就是前述的"终身之忧"。君子因为有"终身之忧",所以才能"无一朝之患"。

《孟子·公孙丑上》中诗云:"迨天之未阴雨,彻彼桑土,绸缪牖户。今此下民,或敢侮予?"孟子引《诗经·豳风·鸱鸮》,以鸟之修补破巢为喻,鸱鸮尚且知道趁着天未阴雨,"彻彼桑土,绸缪牖户"。可是人而不如鸟吗?相传此诗为周公所作,周公以鸟之为巢如此,比君之为国,亦当思患而预防之。因此,忧患意识不是等待灾患发生,才来忧心,才来补救,而是未雨绸缪,预先防范,所谓"预防胜于治疗"就是这个意思。

养兵千日,用兵一时

《孙子兵法·九变》曰:"故用兵之法,无恃其不来,恃吾有以待之;无恃其不攻,恃吾有所不可攻也。"所以,忧患意识并不是被动地等待命运的安排,而是主动地尽力作为。"养兵千日,用兵一时。""有备则无患。"我们不怕有灾患,而怕没有对抗灾患的能力;不是等到灾患发生时才去培养、训练,而是在灾患发生之前,就须培养。《孟子·告子下》曰:"生于忧患,死于安乐。"并不是说在忧患的环境下就能生存,在安乐的环境中就会灭亡。孟子是提醒我们,安乐的环境,容易使人懈怠、骄傲、粗心大意,忘记危险,一有祸害降临,则仓皇失措,束手无策,当然易趋灭亡。反之，忧患的环境，容易使人提高警觉，心存戒惕，临危不乱，在谨慎周全的处置下，平安地渡过难关。所以，孟子曰："人恒过，然后能改；困于心，衡于虑，而后作；征于色，发于声，而后喻。入则无法家拂士，出则无敌国外患者，国恒亡。"又《尽心上》曰："人之有德慧术知者，恒存乎疢疾。独孤臣孽子，其操心也危，其虑患也深，故达。"宋欧阳修撰《五代史伶官传序》一文云："忧劳足以兴国，逸豫足以亡身。"孟子对于这个道理，早有深刻的认识。

生于忧患，死于安乐

当然，并不是忧患的环境就能使人生存，安乐的环境就使人灭亡。在忧患的环境下，如果没有忧患意识更容易灭亡；在安乐的环境下，有了忧患意识，一样能够生存，而且能更好地发展。问题不在环境的忧患还是安乐，而是是否具有忧患意识。忧患意识虽然只是一种心理上的自觉和强烈的使命感，但是它能迸发出惊天动地的力量，使人发愤图强，不会心存安逸，意图苟安。清李文炤在《勤训》一文中说："夫天地之化，日新则不敝，故户极不蠹，流水不腐，诚不欲其常安也。人之心与力，何独不然？

劳则思，逸则淫，物之情也。大禹之圣且惜寸阴，陶侃之贤且惜分阴，又况圣贤不若彼者乎？"

忧患意识不只是消极性的戒慎警惕，怕出差错而已，而是有积极性的意义，即精益求精、自强不息。人生不是要什么就能有什么，真实的人生，往往是要什么而没有什么，事与愿违。人生的可贵，就在于要什么而没有什么的情况下，借由人类的努力，而使理想逐一实现。譬如上天只给我们白天有阳光，而人类发明电灯，使黑夜也有照明，天气太热，而有冷气、风扇、冰箱等的发明。许多前人认为不可能实现的愿望，现代人都已逐梦成真。我们对于人生，必须无惧于忧患的来临，最重要的是增强克服忧患的能力。生铁要经过千锤百炼才能成钢，人生也是要历经各种艰难险阻，才能健壮完美。

忧患，是激励人生的试金石。没有汹涌的波涛，如何激起美丽的浪花？没有忧患的冲击，人生如何显得多彩多姿？能承担愈多忧患的人，才愈能成为大时代的主人。忧患意识并不是被动地等待命运的安排，而是主动地尽力作为。《孟子·公孙丑上》曰："祸福无不自己求之者，诗云：永言配命，自求多福。"又《尽心上》曰："莫非命也，顺受其正。"孟子相信有命，但是主张"永言配命，自求多福"，强调"祸福无不自己求之者"，进而主张"万物皆备于我矣，反身而诚，乐莫大焉"。（同上）又曰："待文王而后兴者，凡民也。若夫豪杰之士，虽无文王犹兴。"

忧以天下，乐于天下

孟子主张的忧患意识，不只是自觉，还要能够觉人，它是一种悲天悯人的高尚情怀。忧患意识是仁心的发露，具有忧患意识的人，不只忧己之忧，还忧人之忧，甚至以天下兴亡为己任。《孟子·梁惠王下》曰："忧以天下，乐以天下。"范仲淹《岳阳楼记》延伸为："先天下之忧而忧，后天下之乐而乐。"《孟子·万章下》曰："天之生斯民也，使先知觉后知，使先觉觉后觉。予，天民之先觉者也，予将以此道觉此民也。"凡是先知先觉者，必然怀持强烈的忧患意识，必然是仁人志士，孟子即以"天民之先觉"自居。

阅读省思：

1. 何谓忧患意识？
2. 你在日常生活中能警惕小心吗？

孟子的辩才

孟子的辩才是出了名的,《孟子·滕文公下》曰:"公都子曰:'外人皆称夫子好辩,敢问何也?'孟子曰:'予岂好辩哉?予不得已也。'"公都子是孟子的学生,他会这样问老师,可见不是他个人的看法而已。在《孟子》一书中,孟子展现辩才的地方很多,如《公孙丑下》曰:"孟子去齐。充虞路问曰:'夫子若不豫色然。前日虞闻诸夫子曰:"君子不怨天,不尤人。"'曰:'彼一时,此一时也。五百年必有王者兴,其间必有名世者,由周而来,七百有余岁矣,以其数则过矣,以其时考之则可矣。夫天未欲平治天下也,如欲平治天下,当今之世,舍我其谁也。吾何为不豫哉?'"

彼一时,此一时也

"彼一时,此一时也。"我们不能以一个答案,去解决所有的问题,在谈论问题时,宜就事论事。在面对"圣王不作,诸侯放恣,处士横议,杨朱、墨翟之言盈天下"之际,孟子难免会有"不豫色",但是以孟子"舍我其谁"的精神,又哪里会有"不豫"呢?《滕文公上》曰:陈相见许行而大悦,尽弃其学而学焉。陈相见孟子,道许行之言曰:"滕君则诚贤君也,虽然,未闻道也。贤者与民并耕而食,饔飧而治,今也滕有仓廪府库,则是厉民而以自养也,恶得贤?"孟子曰:"许子必种粟而后食乎?"曰:"然。""许子必织布而后衣乎?"曰:"否,许子衣褐。""许子冠乎?"曰:"冠。"曰:"奚冠。"曰:"冠素。"曰:"自织之与?"曰:"否。以粟易之。"曰:"许子奚为不自织?"曰:"害于耕。"曰:"许子以釜甑爨、以铁耕乎?"曰:"然。""自为之与?"曰:"否,以粟易之。""以粟易械器者,不为厉陶冶,陶冶亦以其械器易粟者,岂为厉农夫哉?且许子何不为陶冶,舍皆取诸其宫中而用之,何为纷纷然与百工交易,何许子之不惮烦?"曰:"百工之事,固不可耕且为也。""然则治天下独可耕且为与。有大人之事,有小人之事,且一人之身而百工之所为备,如必自为而后用之,是率天下而路也。"

许行君民并耕

陈相推崇"许行君民并耕"之说,孟子则反驳陈相,许行虽然是自己耕食,可是所穿的衣、所戴的帽、煮饭耕田的器具,并不是自己一一所为。可见社会的组成,是靠每个人的分工合作,有人劳心、有人劳力,人君虽然不自己耕食,可是他有治民的繁务,是不暇于耕食。孟子展其辩才,理直气壮,可是陈相不服气,又曰:"从许子之道,则市贾不贰,国中无伪,虽使五尺之童适市,莫之或欺。布帛长短同,则贾相若;麻缕丝絮轻重同,则贾相若;五谷多寡同,则贾相若;屦大小同,则贾相若。"许行的主张,是齐头式的平等,是一种假的平等,不是真的平等。因此,孟子再次辩驳,强调其真实性、客观性。孟子说:"夫物之不齐,物之情也。或相倍蓰,或相什百,或相千万,子比而同之,是乱天下也。巨屦小屦同贾,人岂为之哉?从许子之道,相率而为伪者也,恶能治国家?"孟子自称"予岂好辩哉?予不得已也"。就是因为"孔子之道不著""邪说诬民,充塞仁义"。孟子的好辩,诚如孟子所说:"我亦欲正人心,息邪说,距诐行,放淫辞,以承三圣者。"可见其用心良苦。

孟子的善辩

孟子的善辩，表现在言辞上的特色，主要是来自他善养浩然之气。《孟子·公孙丑上》记载：公孙丑问孟子："敢问夫子恶乎长？"孟子回答说："我知言，我善养吾浩然之气"又说："其为气也，至大至刚，以直养而无害，则塞于天地之间。其为气也，配义与道，无是馁也，是集义所生者，非义袭而取之也，行有不慊于心，则馁矣！"浩然之气充塞天地之间，一个人能够禀义而行，自反而缩，则能涵养此天地浩然之气，所谓理直气壮。浩然之气不是偶合于义，便可袭取而得，如果内心自反而不直，此浩然之气就不能充塞，就会消馁。

文者，气之所形

韩愈《答李翊书》曰："气，水也；言，浮物也；水大而物之浮者，大小毕浮。气之与言，犹是也，气盛则言之短长与声之高下者皆宜。"又苏辙《上枢韩太尉书》曰："辙生好为文，思之至深。以为文者，气之所形。然文不可以学而能，气可以养而致。孟子曰：我善养吾浩然之气。今观其文章，宽厚宏博，充乎天地之间，称其气之小大。太史公行天下，周览四海名山大川，与燕、赵间豪俊交游，故其文疏荡，颇有奇气。此二子者，岂尝执笔学为如此之文哉？其气充乎其中，而溢乎其貌，动乎其言，而见乎其文，而不自知也。"韩愈把文章的辞气与语言的关系，比作水与浮物的关系。苏辙认为"文不可以学而能，气可以养而致"。孟子的文章及辩才，之所以宽厚宏博，充乎天地之间，主要就是因为他善养浩然之气。

阅读省思：

1. 孟子是否好辩？
2. 孟子是否善辩？

孟子的幽默

幽默是很好的人格特质，是建立良好的人际关系的重要条件之一，尤其是在紧张、尴尬、严肃的状态中，能够用机智、幽默的言辞，令人发噱或大笑，会深受欢迎、喜爱的。面对苦难的人生，能够坦然接纳，也要有豁达的心胸、开朗的性格，以戏谑和嘲弄的语言，笑看人间百态。孟子虽然是典型的儒家学者，十分严谨、庄重，但是他很有智慧，处在纷乱的战国时代，游事梁惠王、齐宣王等国君，善于运用诙谐、夸张，甚至是乖讹的幽默言辞，来宣扬他的仁义思想。

笑是人类的本能

笑是人类的一种本能，除了"笑气"或瘙痒引起的笑，系属于纯生理现象，一般能引起捧腹大笑的事物，必然有某种不合理的成分。康德《判断力批判》一书说："笑乃某种紧张的期待的突然化为消失时，所产生的情感。"笑是一种心理的解脱，一种心灵的放松,一种压迫被消除的快感;笑是我们对一般生活的某项需求的反应,它有一定的社会意义。人生充满吊诡、矛盾,很多突发事件是一种乖讹,因为出其不意,所以令人发噱大笑。至于机智、幽默的语言,也因为某种紧张期待的突然消失,而产生乖讹的情绪,并产生笑果。

孟子是个很幽默的人,《孟子》书中,有不少被他刻意夸张或扭曲的意象,因为事出突然,所以使人发笑。不过,孟子并不是为了讲笑话而讲笑话。在《孟子》的寓言故事和与君主的对谈中,很多是戏谑和嘲弄的成分。孟子的严肃态度,使读者对于他的幽默,既得到乐趣,也学到哲理,一面大笑,一面自省。

齐宣王心有戚戚焉

《孟子·梁惠王上》中,齐宣王问孟子曰:"若寡人者,可以保民乎哉?"孟子曰:"可。"曰:"何由知吾可也?"曰:"臣闻之胡龁曰,王坐于堂上,有牵牛而过堂下者,王见之,曰:'牛何之?'对曰:'将以衅钟。'王曰:'舍之,吾不忍其觳觫,若无罪而就死地。'对曰:'然则废衅钟与?'曰:'何可废也?以羊易之。'"孟子嘲讽齐宣王恩及禽兽而不及百姓,可是为了鼓励齐宣王推行仁政，又强调齐宣王能恩及禽兽，就能恩及百姓，令齐宣王听了之后，心有戚戚焉！孟子举例说明不为与不能的差别，说："力足以举百钧，而不足以举一羽""明足以察秋毫之末，而不见舆薪"，并用夸大的修辞技巧，形成强烈的对比，"挟太山以超北海，语人曰我不能，是诚不能也；为长者折枝，语人曰我不能，是不为也，非不能也"。

另外，如《孟子·梁惠王下》曰："孟子谓齐宣王曰：'王之臣有托其妻子于其友，而之楚游者。比其反也，则冻馁其妻子，则如之何？'王曰：'弃之。'曰：'士师不能治士，则如之何？'王曰：'已之。'曰：'四境之内不治，则如之何？'王顾左右而言他。"这一段文字，深见孟子的智慧与幽默。孟子不敢直接挑明齐国四境之内不治，拐弯抹角，声东击西，先谈齐宣王的臣子的朋友，再谈齐宣王的臣子没有善尽责任，治理事物；最后再切入齐宣王没有善尽责任，照顾百姓，一层逼入一层，引君入瓮，出其不意，所以齐宣王只能"顾左右而言他"，否则，顺着前面的话，"弃之""已之"，是否该"杀之"呢？

宋人揠苗助长

《孟子·公孙丑上》曰:"宋人有闵其苗之不长而揠之者,芒芒然归。谓其人曰:'今日病矣,予助苗长矣。'其子趋而往视之,苗则槁矣。"是不是真有个这么笨的宋人,我们不知道,也无可考证,也不必考证,因为他这样的行为是不合常理的,却又做得理直气壮。在孟子的笔下,"茫茫然归"四个字,十分传神。我们笑宋人的傻,我们自己也常犯这种的傻,"揠苗助长"这个成语告诫世人欲速不达的道理。

孟子的文章,善于取譬引喻。《孟子·滕文公下》曰:"戴盈之曰:'什一,去关市之征,今兹未能,请轻之以待来年,然后已,何如?'孟子曰:'今有人日攘其邻之鸡者,或告之曰:"是非君子之道。"曰:"请损之,月攘一鸡,以待来年然后已。"如知其非义,斯速已矣,何待来年?'"由日攘一鸡改为月攘一鸡,这个譬喻令人发噱。幽默是起于一种心理的对比所产生的意外感,偷鸡是不对的行为,要马上改,怎么可以由日攘一鸡改为月攘一鸡,继续犯错呢?读完这段文字,我们会觉得好笑,可是我们也要反省自己是不是也犯这样的毛病。

齐人有一妻一妾

《孟子·离娄下》曰:"齐人有一妻一妾而处室者,其良人出,则必餍酒肉而后反。其妻问所与饮食者,则尽富贵也。其妻告其妾曰:'良人出,则必餍酒肉而后反,问其与饮食者,尽富贵也,而未尝有显者来,吾将瞷良人之所之也。'蚤起,施从良人之所之,遍国中无与立谈者,卒之东郭墦间,之祭者,乞其余,不足,又顾而之他,此其为餍足之道也。其妻归,告其妾曰:'良人者,所仰望而终身也,今若此。'与其妾讪其良人,而相泣于中庭。而良人未之知也,施施从外来,骄其妻妾。由君子观之,则人之所以求富贵利达者,其妻妾不羞也,而不相泣者,几希矣。"孟子嘲讽世俗为了求名得利,不惜用各种卑微的手段,一旦取得名利之后,却骄其家人、朋友,令人鄙夷不齿。人生的荒缪、乖讹,往往如此,孟子的揶揄、嘲弄,令人深思。

孟子之所以能够写出许多幽默的文字,这和他豁达开朗的性格有关。

阅读省思:

1. 你为人幽默吗?
2. 你喜欢幽默的朋友吗?

孟子的沟通技巧

沟通是为了建立共识

沟通是指人与人之间信息的流通。人不是独立存在的个体，人与人之间，借助语言、文字、身体，以及各种信息媒体，传达情感与思想，建立良好的互动关系。沟通的目的，在于表达意愿，获取同情理解，甚至是解决纷争。因此，沟通的技巧，在于充分地表达，以化解疑虑，建立双赢，达成共识，也就是通过协调的过程，双方把话说清楚，而且听清楚对方的表达，理性和平，诚恳尊重，相互提出问题、讨论问题，进而解决问题。

孟子是位沟通高手

孟子是沟通高手。孟子生活在战国七雄争霸的时代，"天下方务于合从连横，以攻伐为贤，而孟子乃述唐虞三代之德"（《史记·孟子荀卿列传》）。当是之时，"圣王不作，诸侯放恣，处士横议，杨朱、墨翟之言盈天下，天下之言不归杨则归墨……我

（孟子）亦欲正人心，息邪说，距诐行，放淫辞，以承三圣者"（《孟子·滕文公下》）。所以，公都子曰："外人皆称夫子好辩。"而孟子曰："岂好辩哉，予不得已也。"孟子辩才无碍，散见《孟子》一书。孟子为了游事齐宣王、梁惠王等，实现其仁义的儒家思想，非常注重沟通的技巧。

孟子为了让梁惠王、齐宣王等施行仁政，一再鼓励有加。《孟子·梁惠王上》曰："孟子见梁惠王，王立于沼上，顾鸿雁麋鹿，曰：'贤者亦乐此乎？'孟子对曰：'贤者而后乐此，不贤者虽有此，不乐也。'"又《梁惠王下》记载齐宣王好乐、好园囿、好勇、好货、好色，孟子皆一一勉之以："乐民之乐者，民亦乐其乐""与民同之，于王何有"，建立君王推行仁政的信心。孟子见梁惠王，曰："仁者无敌，王请勿疑。"滕文公为世子，将之楚，过宋而见孟子，孟子道性善，言必称尧舜。世子自楚反，复见孟子，孟子曰："世子疑吾言乎？"（《孟子·滕文公上》）孟子以坚定的态度，充满信心的语气，与当时的君王沟通，期能为时君所用。

孟子的沟通技巧

孟子在与时君、朝臣、文士沟通的时候，用尽各种修辞的方法，如对偶、映衬、复叠、排比、比喻、顶真……不一而足。如《孟子·梁惠王下》曰："左右皆曰贤，未可也；诸大夫皆曰贤，未可也；国人皆曰贤，然后察之。见贤焉，然后用之。左右皆曰不可，勿听；诸大夫皆曰不可，勿听；国人皆曰不可，然后察之；见不可焉，然后去之。左右皆曰可杀，勿听；诸大夫皆曰可杀，勿听；国人皆曰可杀，然后察之。见可杀焉，然后杀之。故曰：国人杀之也。"又如《滕文公下》曰："居天下之广居，立天下之正位，行天下之大道。得志与民由之，不得志独行其道。富贵不能淫，贫贱不能移，威武不能屈，此之谓大丈夫。"《公孙丑上》曰："何谓知言？曰：诐辞知其所蔽，淫辞知其所陷，邪辞知其所离，遁辞知其所穷。"都是用很整齐的句子，美丽的辞藻，令读者或听者加深印象，强化记忆。

顶真的名句，如《公孙丑下》曰："天时不如地利，地利不如人和。"《离娄下》曰："君子深造之以道，欲其自得之也。自得之则居之安，居之安则资之深，资之深则取之左右逢其原。"语如贯珠，流利酣畅，最容易达到表情达意，沟通协调的效果。

总之，熟读《孟子》一书，我们不难发现孟子的辩才，也佩服孟子善于沟通的能力，常常令对方不自觉发现自己的缺点，并欣然接受孟子的意见，而勇于改过。如"孟子谓齐宣王曰：'王之臣有托其妻子于其友，而之楚游者，比其反也，则冻馁其妻子，则如之何？'王曰：'弃之。'曰：'士师不能治士，则如之何？'王曰：'已之。'曰：'四境之内不治，则如之何？王顾左右而言他。"齐宣王只能顾左右而言他，因为顺着"弃之""已之"，恐怕就是"罢之"吧！

阅读省思：

1. 你喜欢与别人沟通吗？
2. 你学习过沟通的技巧吗？

孟子的修辞技巧

孟子的文章雄健有力

孟子的文章,雄健有力,气势非凡,是因为他怀抱仁义,志在淑世,当仁不让,义无反顾,所谓"诚于中则形于外";吐辞属文,滔滔不绝,有如千山万壑,景象万千,亦如长江大海,浪涛汹涌。此外,他还善于使用修辞技巧,非常注意文章形式的整齐与变化。兹举《梁惠王上》七章内容为例,以见孟子在修辞上的用心,在遣词造句上的努力,以及所达到的语言效果。

《孟子》一书,开宗明义第一篇第一章:孟子见梁惠王,王曰:"叟,不远千里而来,亦将有以利吾国乎?"《史记·孟子荀卿列传》:"当是之时,秦用商鞅,楚魏用吴起,齐用孙子、田忌,天下方务于合从连衡,以攻伐为贤。"诸侯国君都在追求富国强兵之道,所以,梁惠王开门见山,便问"何以利吾国"。孟子提倡仁义,祖述唐、虞、三代之德,主张仁政,为了游说梁惠王,当然要以强而有力的论见,才能令梁惠王信服。

孟子善用排比法

孟子曰:"王何必曰利,亦有仁义而已矣!"孟子主张仁义,而反对利,"王曰何以利吾国,士大夫曰何以利吾家,士庶人曰何以利吾身",这是排比法;"万乘之国弑其君者,必千乘之家;千乘之国弑其君,必百乘之家",这是顶真法;"万取千焉,千取百焉",这是复叠法;"未有仁而遗其亲者也,未有义而后其君者也",也是复叠法。

《梁惠王上》第三章,梁惠王曰:"寡人之于国也,尽心焉耳矣。河内凶,则移其民于河东,移其粟于河内。河东凶,亦然。""亦然"二字,是用省略法,如果承接上文,应作"河东凶,则移其民于河内,移其粟于河东"。孟子对曰:"王好战,请以战喻。填然鼓之,兵刃既接,弃甲曳兵而走。或百步而后止,或五十步而后止。""或百步而后止,或五十步而后止。"这是复叠法。"不违农时,谷不可胜食也;数罟不入洿池,鱼鳖不可胜食也;斧斤以时入山林,材木不可胜用也。"这是排比法。"五亩之宅,树之以桑,五十者可以衣帛矣;鸡豚狗彘之畜,无失其时,七十者可以食肉矣;百亩之田,勿夺其时,数口之家可以无饥矣;谨庠序之教,申之以孝悌之义,颁白者不负戴于道路矣。"这也是排比法。

孟子提示梁惠王施行王道之法，令人民生活富足，衣食不缺，又有教育的训练，则"然而不王者，未之有也"。

孟子善用对比技巧

《梁惠王上》第四章，"庖有肥肉，厩有肥马，民有饥色，野有饿莩。"这是对偶法。孟子善用对比的技巧，写出"朱门酒肉臭，路有冻死骨"的惨状，"苛政猛于虎"，杀人以政，无以异于杀人以刃，就像杀人以梃与刃，无以异也。当时的国君，穷兵黩武，"争城以战，杀人盈城，争地以战，杀人盈野"。陷溺人民，人民如生活于水火之中。孟子主张"仁者无敌"，因为"王如施仁政于民，省刑罚，薄税敛，深耕易耨。壮者以暇日修其孝悌忠信，入以事其父兄，出以事其长上，可使制梃以挞秦楚之坚甲利兵矣。彼夺其民时，使不得耕耨以养其父母，父母冻饿，兄弟妻子离散，彼陷溺其民，王往而征之，夫谁与王敌"。何以仁者无敌呢？《孟子·公孙丑下》曰："得道者多助，失道者寡助，寡助之至，亲戚畔之；多助之至，天下顺之。以天下之所顺，攻亲戚之所畔，故君子有不战，战必胜矣。"孟子从得道、失道，多助之至、寡助之至，天下之所顺、亲戚之所畔，正反对比，形成强大力量，则得失立现，具有说服人心的效果。

《梁惠王上》第六章，梁襄王问："天下恶乎定？"孟子对曰："定于一。""孰能一之？"对曰："不嗜杀人者能一之。"因为"今夫天下之人牧，未有不嗜杀人者也，如有不嗜杀人者，则天下之民皆引领而望之矣。诚如是也，民归之由水之就下，沛然谁能御之"。孟子文中的修辞，精于譬喻，民心思治，"由水之就下"，水往下流，顺势自然，民心思治，也是如此。另外，民心难测，何以得见？水能载舟，亦能覆舟，孟子即以苗禾为喻，"七八月之间旱，则苗槁矣。天油然作云，沛然下雨，则苗浡然兴之矣"。

孟子精于譬喻

又如《梁惠王上》第七章，孟子为了鼓励齐宣王施行王政，乃以齐宣王以羊易牛的事例为喻，强调"以不忍人之心，行不忍人之政，治天下可运之掌上"。同时，又举例说明不为与不能的不同，认为齐宣王未能施行仁政（恩足以及禽兽而不及于百姓），是不为，非不能也。"有复于王者曰：吾力足以举百钧，而不足以举一羽；明足以察秋毫之末，而不见舆薪，则王许之乎？"曰：

"否。""今恩足以及禽兽，而功不至于百姓者，独何与？然则一羽之不举，为不用力焉；舆薪之不见，为不用明焉；百姓不见保，为不用恩焉。故王之不王，不为也，非不能也。""吾力足以举百钧""明足以察秋毫之末"二句，是对偶句，"一羽之不举""舆薪之不见""百姓不见保"三句，为排比。孟子善用对偶、排比等修辞技巧，使文章气势雄沛、立论强劲，充分发挥语言的说服力。

阅读省思：

1. 孟子是否善用譬喻技巧？
2. 孟子如何使句子强而有力？